배움의 시선

배움의 시선

철학이 있는 교사는 어떻게 가르치는가

초판 1쇄 인쇄 | 2022년 07월 20일
초판 1쇄 발행 | 2022년 08월 01일

지은이 | **배정화**, 배건웅, 박영미, 박찬호, 김대은,
박형윤, 손지영, 신혜진, 김민지
발행인 | 이진호
편집 | 이대웅, 임지영
디자인 | 트리니티

펴낸곳 | 비비투(VIVI2)
주소 | 서울시 중구 수표로2길9 예림빌딩 402호
전화 | 대표 (02)517-2045
팩스 | (02)517-5125(주문)

이메일 | atfeel@hanmail.net
홈페이지 | https//blog.naver.com/feelwithcom
페이스북 | https//www.facebook.com/publisherjoy
출판등록 | 2006년 7월 8일

ISBN 979-11-89303-94-5(13370)

※ 책값은 뒤표지에 있습니다.
※ 잘못 만들어진 책은 바꿔 드립니다.
※ 비비투(VIVI2)는 도서출판 샘솟는기쁨의 임프린트입니다.

배움의 시선

철학이 있는 교사는 어떻게 가르치는가

아름답고 행복한 수업 방향 네비게이션

배정화
배건웅
박영미
박찬호
김대은
박형윤
손지영
신혜진
김민지
지음

VIVI2

아름답고 행복한 수업 방향 네비게이션

여기 배움을 바라보는 서로 다른 시선이 있습니다. 사랑, 도전, 행복, 만남, 관계, 생각, 소통, 역량, 그리고 성장. 혁신학교로 지정된 도당중학교 선생님들이 저마다의 방식으로 고군분투하며 학교에서 찾아낸 것들입니다.

각 시선의 강조점은 달라도 도착점이 같습니다. 우리 아이들이 자신을 둘러싼 모든 환경을 즐거운 배움의 기회로 활용하고, 행복한 성장의 기회로 삼도록 하는 것입니다. 교사만이 아니라 아이들의 배움과 성장에 관심이 있는 모든 이들이 귀 기울여야 할 내용입니다.

매 장마다 펼쳐진 시선 전환에 이르는 과정이 특히 흥미롭습니다. 마음속 불꽃처럼 일어나는 개입의 욕망을 잠재우고 아이들을 믿고 기다려주게 되는 과정, 자신을 내려놓고 조건 없는 긍정과 신뢰로 아이들에게 다가가는 과정, 모든 아이들이 무한히 배울 수 있는 충분한 역량을 가진 존재임을 깨닫는 과정, 그리고 아이들이 자기라는 꽃을 앞다투어 피워 아름다운 꽃밭을 만드는 것을 지켜보고 응원하는 과정 등이 생생하게 기록되어 있습니다.

물론 그 생생함 속에는 아이들을 향한 선생님들의 따뜻한 마음과 변화를 향한 열의도 고스란히 녹아들어 있습니다. 울퉁불퉁, 좌충우돌 학교 현장에서 길어 올린 아홉 가지 색다른 배움의 시선에 여러분을 초대합니다.

김원석 | 국회 선임비서관, 전 서울교육정책연구소 연구위원

'교육은 인간을 아름답게 만든다.' 처음 교직에 발을 들여놓은 뒤 매일 볼 수밖에 없는 교실 뒷벽에 붓글씨로 크게 써 붙여놓고, 나 자신을 채찍질하던 담임 시절이 떠오른다. 다시 평교사로 돌아가 수업을 하게 된다면? 철학이 있는 교사는 어떻게 가르칠까?

문자 너머 삶의 이치를 깨닫기를 바라며, 존중과 사랑을 담아 다양한 반찬을 담듯 준비하고 기다리는 수업을 '즐거운 도시락'이라 말하는 한문 선생님. 철밥통이 아닌 철통같은 교사로 새로움이 넘치는 수업에 도전하는 기술 선생님. 민주주의 경험을 바탕으로 행복한 삶의 주체자로 성장시키고 싶은 사회 선생님. 보편적 가치를 만나 자기를 변화시키고 세계를 변화시키는 꿈을 갖게 하는 역사 선생님. 관계 형성으로 '깐부' 부럽지 않게 학생의 마음을 바탕으로 수업하는 역사 선생님. 아이들의 다양한 생각 속에서 펼쳐지는 세상을 표현으로 채워가는 미술 선생님. 괜찮다는 말, 좋아한다는 말, 짜릿하다는 말, 마지

막이라는 말 등 관계를 소통으로 시작하는 체육 선생님. 역량에는 한계가 없기에 영어 그림책을 읽어주며 글로벌 리더를 성장시키고자 하는 영어 선생님. 다름의 인정과 존중의 마음으로 생각의 성장을 통해 사서 하는 걱정은 이제 그만하겠다는 보건 선생님.

『배움의 시선』에서 만난 선생님들의 모습은 '교육은 인간을 아름답게 만든다'라고 믿고 있는 내게 35년 교육의 열매인 듯 결실의 기쁨을 갖게 하기에 부족함이 없다. 미래 사회를 이끌어갈 주인공들에게 어떻게 교육을 할 것인가? 이 땅의 좋은 수업을 고민하는 수많은 선생님들에게 이 책이 수업 방향의 네비게이션이 되어줄 것이다.

최은숙 | 도당고등학교 교장

배움이란 지식 전달만이 아닌 삶의 길을 찾는 것이다. 수없이 계획을 세우고 고쳐 보아도 수업은 변함없이 힘들다. 수업에 대한 확신이 들었다 하더라도 막상 시도해 보면 부족함을 느끼게 되어 한숨을 쉬는 경우가 허다하다. 지식뿐만 아니라 배움을 갖는 것이 얼마나 더 어려운 길인지 매 순간 찾아오는 것이 수업이다.

이 책에서 "단 한 명의 학생도 포기하지 않는 교육'이라는 것을 알게 되었다. '포기하지 않는'이라는 말에서 교사로서의 뜨거운 사명감 같은 것이 마음속에 일었다.'는 구절에서 저자들의 지난한 문제의식과 고뇌가 보여 마음이 뭉클했다.

9명의 교사들이 혁신교육 동아리 활동을 통하여 스스로 성찰하고, 행복 수업을 찾기 위해 새로운 시각으로 수업 방향을 제시한 선생님들의 열정을 보며 감동이 밀려온다. 사랑, 행복, 소통, 성장 등으로 만나는 『배움의 시선』이야말로 어떻게 가르칠 것인가 물음에 대한 응답이라고 생각한다. 책을 통해 인간의 존엄성을 인지하고 배움에서 삶의 가치를 발견하고자 애쓰는 모습에 희망을 느끼며 학교 현장에서 매 순간 열정을 쏟아내는 선생님들께 응원을 보낸다.

박상철 | 소명여자중학교 교감

오늘은 뭐 배워요? / 중요 과목만 하면 되잖아요. / 나와는 상관없는데 우리나라 기후만 알면 되지 않아요? / 수요집회 가 보셨어요? / 그러면 태종이 정종의 아들인 거예요? / 저는 열심히 쌓아 올리고 있는데 계속 무너지면 진짜 화날 것 같아요! / 앗! 쌤! 저 지금 닭살 돋았어요. / 영어 말고 다른 나라 언어도 배워 보고 싶다는 생각이 들었어요. /

이 책은 혁신학교에서 만난 무지개 동아리 선생님의 수업 고민과 희망을 말하고 있다. 이들의 교육경력도 다르고, 과목도 성격도 수업방식도 다르다. 공통점이라면, 가르쳤지만 아이들은 배웠을까? 어떻게 하면 진정한 배움이 생길까? 하는 고민이다. 선생님들과 함께 근무하는 공동체의 일원으로서 9명의 교사가 학교에서 보여준 혁신 리더의 역할을 다 알고, 책을 내는 협동의 과정을 알고, 수업에서 보여준 다양한 시선을 알기에 이 책 내용의 리얼리즘을 100% 보증한다.

수업 중에 마주친 느낌표, 물음표, 마침표를 9개의 필체로 진정성 있게 표현하여 순수하기까지 하다. 그 순수한 필체 속에 관통하는 보석 같은 단어를 찾아 보길 권한다. 그 단어가 주는 힘을 알기에 독자들도 힘을 얻으리라 믿는다.

최옥주 | 도당중학교 교장

'사람', '말', '행복' 여러 차례의 전진과 퇴보 사이에서 우리 교육이 지향했던 것은 이 세 개의 낱말에 모두 담겨 있다. 아이들과 배우며 살아가는 과정 속에서 부딪치고 깨달은 아홉 선생님의 비밀(?)스런 고백은 사람이 있는, 그들의 말을 연결하는, 함께 행복을 찾는 우리 교육이 가야 할 방향 그 자체를 보여준다.

아이들의 미래와 희망은 그들이 지금 살아가는 바로 '이곳', '지금'에 있음을 실천하며 이야기하는 선생님들이기에 배움의 시선 하나하나가 무척 소중하게 느껴진다. 교육이라는 이야깃거리를 아이들과 함께 나누며 고민했던 우리의 시간이 진실이었음을 이 책을 통해 다시금 알 수 있었다.

아이들이 사람과의 연결(관계)됨 속에 행복할 수 있도록, 우리 그렇게 살아가자고 현장에 제안하는 선생님의 사랑과 희망과 용기에 무한한 연대를 보낸다.

박용준 | 경기도부천교육지원청 장학사

차례

프롤로그

배움을 대하는 교사의 특별한 시선

유치원에 들어간 아이가 이렇게 말했습니다.

"엄마! 왜 하루종일 이렇게 앉아 있어야 해요? 재미없어."

초등학생이 된 아이는 학교에서 돌아와 또 이렇게 말했습니다.

"왜 이렇게 공부를 많이 시켜요? 노는 시간이 별로 없어요."

올해 중학생이 된 아이는 실망했다는 듯이 말했습니다.

"엄마 1교시부터 7교시까지 계속 선생님만 말해요. 노잼이에요."

고등학생이 되고 다시 대학생이 되면 우리 아이는 또 어떤 말을 하게 될까요? 제 아이가 겪었던 학교의 모습은 지금 학교 현장을 단적으로 보여주는 말들이 아닐까 합니다. 수업과 배움은 요즘 아이들에게 어떤 의미일까요?

'이건 시험에 나오니까 배워야 돼. 대학에 가려면 국영수는 반드시

해야 하고, 다 배워 두면 쓸모 있어? 조용히 그냥 공부해.' 우리 세대는 늘 이런 말을 들으며 공부해 왔습니다. 그래서 무언가 되기 위해서는 선생님의 설명을 듣고, 쓰고, 외워야 했습니다. 무작정 그렇게 열심히 외우다 보면 원하는 곳에 가 닿을 수 있었으니까요. 이것이 배움의 쓸모였습니다.

하지만 이런 이유들이 급변하는 사회에도 배움의 정당성을 대변할 수 있을까요? 이제 학교는 배움을 방해하는 수많은 유혹 속에서 어떤 배움으로 아이들에게 다가가야 할까요? 경쟁의 소용돌이 속에서 소수의 아이들만이 성취감을 느끼는 그런 배움이 아니라 배움의 과정이 아이들의 삶 속에서 살아 움직일 수 있도록 즐거운 배움을 선물해 주어야 합니다.

아이들이 학교에서 무엇보다 중요하게 배워야 할 것은 배움을 대하는 자세입니다. 평생 학습사회로 접어들면서 자기주도적 학습을 해 나가야 할 아이들을 위해서 삶의 문제를 탐구하고 몰입하면서 삶을 배울 수 있도록 도와줘야 하는 것이죠. 그런데도 여전히 학교는 예전 그대로 아이들 마음의 소리를 외면한 채 일방향으로 직진하고 있진 않는지, 아이들을 여전히 배움의 주체가 아닌 수동적인 학습자로 만들고 있는 건 아닌지 모르겠습니다.

우리가 생각하는 공부, 학문, 배움은 과연 무엇을 위한 것이고, 교사의 배움에 대한 시선은 지금 어디를 향해 있는지 잠깐 멈춰서서, 그리고 발코니에서 바라보듯 한발 물러서서 교육을 바라보는 시간을 가졌으면 합니다. 아이들이 배움의 과정에서 행복한 감정을 맘껏 느끼고 삶의 소중한 가치를 찾아갈 수 있도록 선생님의 따뜻하고 특별한 교육적 시선이 필요할 때입니다.

이 책은 혁신학교에서 만난 아홉 명의 교사가 각기 다른 배움의 시선을 가지고 아이들의 삶을 위한 수업을 이야기하였습니다. 교사 각자의 철학은 다르지만 그들의 시선은 한결같이 아이들을 향해 있다는 것을 발견하게 될 것입니다. 교육의 방법도 천차만별이어서, 교사에게 흔들리지 않는 자신만의 철학은 교사와 아이를 안내해 주는 북극성과도 같습니다. 그 철학이 아이들을 건강하게 해주는 밑거름이 될 터이고, 아이들은 그러한 선생님을 만나면서 또는 수업 속에서 삶의 가치와 철학을 의미있게 생각하는 시간으로 채워갈 것입니다.

아홉 분의 선생님들이 가지고 계시는 사랑, 도전, 행복, 만남, 관계, 생각, 소통, 역량, 성장의 키워드는 아이들과의 수업에서 즐거운 배움을 실현해 줄 소중한 시선입니다. 선생님의 따뜻하고 섬세한 시선이 아이들에게 지식 너머 또 다른 세상을 만나게 했으면 합니다. 선생님의 교육 철학이 아이들에게 배움을 통해 삶을 살아가는 단단한 힘을 기르는 길잡이가 되었으면 좋겠습니다.

하루하루가 치열하면서도 무뎌지는 교직 삶을 살아가고 있지만, 이 책에서 만나는 선생님들의 수업 속에서 잠자고 있던 선생님의 열정을 찾아내길 바랍니다. 무엇보다 수업 한가운데서 가장 빛나고 있는 보석은 바로 선생님과 아이들이라는 것을 잊지 마세요!

따뜻한 봄날에, 교사 배정화

배움의 시선 1

사랑

일타교사 이젠 굿바이!

교육은 사랑에서 출발한다. 수업에서 만나는 모든 아이를 존중하고 사랑을 실천할 때 교사도, 학생도, 배움도 따뜻한 쪽으로 방향을 튼다. 내가 한문이란 과목에서 배웠듯이 사람을 중시하는 마음과 귀한 문장에 담긴 삶의 가치를 아이들의 삶 속에서 만나게 하고 싶다. 교육의 본질을 생각하며 한 명 한 명 빛나는 아이들을 만나기 위해 지금 교육이 담아야 할 것은 지식이 아니라 아이들을 존재로서 존중하고 사랑(仁)하는 마음이다.

배정화

미미(美美)쌤

중등 교사 22년 차, 중학교 한문 교사로 재직하고 있으며 『나는 혁신학교 교사입니다』 저자이다. 건국대학교 혁신전공교육대학원에서 석사학위를 받았으며, 교내 혁신교육 동아리를 4년째 운영하고 있다. 17년 자유학기실천사례연구대회에서 교육부 장관상 수상, 20년 혁신교육 유공 교육감 표창, 21년 혁신교육 유공 교육부 장관상을 받았다. 교사의 따뜻한 마음으로 아이들의 성장을 돕는 '따뜻한 햇살' 같은 선생님이 되고자 노력하고 있으며, 행복한 교육을 실천하며 아이들과 동료들 곁에서 선한 영향력을 미치는 사람으로 살아가고자 한다.

매일매일 즐거운 도시락을 싸 줄게

우당탕! 아이들이 교과 교실로 뛰어들어왔다. 누구보다 일찍 교실에 들어온 준석이가 내 옆으로 다가와서 다급하다는 듯이 묻는다. 이에 질세라 다른 녀석들도 쏜살같이 얼굴을 들이대며 합세한다.

"선생님. 오늘은 뭐해요?"

"아, 빨리요. 궁금해요, 선생님."

거친 숨을 헉헉 몰아쉬며 질문하는 아이들에게 "공부하지, 뭐하냐, 이 녀석들아."라고 대꾸하는 둥 마는 둥 해도 포기하지 않고 끈질기게 대답을 요구한다.

"아뇨, 오늘 뭐 배우냐고요?"

"오늘? 그런데 그건 왜 맨날 물어보는 거야?"

매번 똑같이 이어지는 질문이 귀찮기 짝이 없지만, 아이들 속내를 알고 난 후에는 뜸을 들이며 일부러 되묻곤 한다. 매번 같은 답을 해도 똑같이 묻는 녀석들을 보면 저절로 웃음이 나온다. 중학교 남학생들의 질문이 많아지는 경우는 딱 두 가지이다. 체육 시간과 급식 시간! 이들의 공통점은 무척 기다려지는 시간이라는 것이다. 그런 점에서 볼 때 아이들이 내 수업 시간 전에 미리 찾아와서 "선생님! 오늘 뭐 배워요?"라고 묻는 것은 굉장한 찬사이다.

아이들의 질문을 듣다 보면 예전의 내 모습이 문득문득 떠오른다. 처음 교사가 되고서 옆자리에 있던 까마득한 연배의 선배님에게 물었다. "선배님, 선배님 나이가 되면 수업 연구를 안 하고 편하게 교실에 들어갈 수 있나요?" 가만히 듣고 있던 선배님은 "글쎄…." 라고만 하시고 씩 웃기만 하셨다. 나는 '저 선배님 정도 연배가 되면 수업 연구 안 해도 되겠지'라며 조심스럽게 희망을 품은 적이 있었다.

신규 교사 시절, 수업에 대한 스트레스로 잠을 못 이룰 때가 많았다. 그 당시 수업 연구라고 하면 그저 어떻게 하면 아이들을 웃기면서 잘 가르칠 수 있을까 하는 고민이 전부였다. 그 강박 때문인지 재밌는 아이디어가 떠오르지 않으면 엎치락뒤치락 잠을 설치곤 했다.

그러나 다음 날 막상 교실에 들어서면 순간순간 오버액션을 하며 멋진 인기 강사 흉내를 내곤 했다. 이렇게 성공적으로 아이들을 웃겨가며 재밌는 수업을 이어갈 때마다 힘든 시간은 까맣게 잊고 어깨가 으쓱해졌다. 언젠가 내 수업 촬영 영상을 본 남편으로부터 "당신, 완전 학원의 일타강사 같네! 요즘은 학교에서도 이렇게 가르치는구나." 라는 칭찬을 들으니 교사로서 자부심마저 들었다.

그렇게 해서 나는 지루한 강의식 수업 대신에 재미도 있으면서 이론을 콕콕 잘 집어주는 교사가 되어 갔다. 그야말로 인기 '일타교사'라 자부하게 된 것이다. 이후로 재밌는 수업을 테마로 삼아 교실에서 하루하루 버틴 것이 어느덧 10년이 흘렀다.

그러던 내게 수업에 대한 진지한 고민을 안겨준 것은 자유학기제였다. 당시 교육 정책 발표에 따라 수많은 연수 계획이 쏟아졌고, 나 또한 그 대열에 합류하여 여기저기 발을 담그며 열심히 배웠다. 배움중심수업, 학생중심수업 같은 화두는 그동안 일방적이었던 나의 수업을 돌아보는 계기가 되었다. 교사 혼자 주도하던 강의식 수업에서 벗어나 어떻게 학생중심수업을 실행해야 하는지, 진짜 수업 고민이 시작된 것이다.

학생 입장에서 수업을 고민하고 실행할수록 교과 내용에서 시도할 만한 것이 무궁무진했고, 오랜만에 전혀 다른 설렘이 찾아오는 순간을 맞이하게 되었다. 이렇게 여러 해 도전을 거듭하면서 예전의 수업 방식에서 탈피할 수 있었다. 배움을 주도하는 교사에서 안내하는 교사로 조금씩 변하게 된 것이다. 이후 자연스럽게 이어진 혁신학교로의 전입은 더 큰 틀에서 수업 변화를 꾸준히 유지하게 만드는 기회를 안겨주었다.

내가 가르치는 한문 교과는 과목의 특성상 주입식 교육과 아주 잘 맞아떨어진다. 교사 혼자 한 시간 이상 떠들어도 학생들이 천 개든 만 개든, 한자를 외우기만 하면 누구나 우등생이 될 수 있는 확률이 높다. 그런데 그러한 교사 중심 수업을 더는 하고 싶지 않았다. 잘 가르칠 자신이 없어서가 아니었다. 지난 수업 방식은 내가 지향하는 교육의 목적과 의미에서 벗어날 뿐만 아니라 배움의 과정 역시 교사와 학생, 모두에게 가혹하고 즐겁지 않기 때문이다.

> 古之學者 必有師 師者 所以傳道授業解惑也.(중략)
>
> 彼童子之師 授之書而習其句讀者也 非吾所謂傳其道解其惑者也.
>
> 옛 학자는 반드시 스승이 있었으니, 스승이라 하는 것은 도를 전하고 학업을 주고 의혹을 풀어주기 위한 방법이니라. (중략) 저 동자의 스승은 그에게 책을 주어서 그 구두를 익혀 주는 사람이니 내가 말하는 그 도를 전

하고 그 의혹을 풀어주는 것이 아니니라.

『사설(師說)』 중에서[1)]

한유의 '사설(師說)'에서도 알 수 있듯이 참스승의 모습은 단지 문장을 읽어주는 사람이 아니다. 참스승이란 문자 너머에 있는 삶의 이치를 깨닫도록 안내하는 사람이어야 한다. 이 글을 통해 스승의 역할을 다시 한번 되새겨 보았다.

일방적인 전달 수업, 교사 주도적인 수업은 과연 무엇을 위한 것이고 어디를 향하고 있을까? 지금까지 내가 수업의 주도권자였다면 기꺼이 아이들과 그 권한을 나누는 연습을 하려고 한다. 이전의 교사 혼자 유능함을 뽐내던 수업은 이제 안녕이다. 예전의 내 모습인 '일타교사'도 굿바이!

내 또래 교사들은 윗사람의 지시에 따라 순종해야 했던 시대에 태어났고 그런 교육을 받고 자란 탓에 똑같이 아이들을 교육하고 있다. 수업의 과정 역시 절대 권력을 가지고 아이들에게 뿌려지는 형태로 진행되는 것이 일반적이다. 이제는 다양한 아이들의 요구에 맞는 수업 형식과 방법의 변화가 필요하다. 아이들을 학습의 수동자에서 능동자로 전환시켜 배움의 주인으로 이끌어 주어야 한다.

◆

1 사설(師說)은 당대 문장가 한유(韓愈)의 글로 스승을 따라 학문을 닦아야 할 당위성을 역설하고 있다. 먼저 스승의 정의를 제시하고 다음으로 스승의 필요성, 스승 삼는 방법 등을 개진한 뒤에, 남을 따라 배우기를 꺼리는 당시의 잘못된 풍조를 비판하고 있다.

또 하나, 흥미 위주의 유혹이 넘쳐나는 디지털 시대에 고리타분한 교과 내용을 가지고 아이들을 배움의 장으로 끌어들이려면 교사의 지혜로운 작전이 필요하다. 다양한 수업 방법 구성으로 호기심을 자극하며 배움의 깊이를 느낄 수 있도록 수업을 고민하고 설계해야 한다. 또한 수업의 기술뿐만 아니라 아이들의 즐거운 배움을 통한 행복한 성장을 위해 먼저 아이들을 마음을 들여다 볼 줄 알아야 한다. 교사의 관점이 학습자에 대한 존중에 초점이 맞춰 있다면 아마도 수업의 방향과 형태는 그 질을 달리하게 될 것이다.

"한문 수업을 들으며 다양한 주제와 내용으로 학습하고 성장할 수 있어서 기쁘고 재미있었습니다."

"다른 수업들과 달리 읽고 쓰는 것이 아니라 모둠원끼리 또는 학생과 선생님이 서로 소통하며 배운다는 말이 어울릴 만큼 즐거웠습니다."

내 수업은 현재 '즐거운 도시락'이다. 학생을 존중하고 사랑하는 마음을 담아 정성스럽게 준비한다. 그 속에 다양한 반찬이 담겨 있다. 늘 똑같은 내용이 아니라 배움을 통해 재미와 즐거움을 맛볼 수 있도록 교사와 학생 모두 설레는 마음을 담는다. 아이들이 매일 점심시간을 기다리듯 즐거운 수업을 기대하며 나의 교실을 찾게 하고 싶다.

고등학교 때 엄마가 싸 주신 도시락은 사랑과 의리로 먹었을 뿐, 창의적이라고 할 수 없었다. 소시지, 계란말이, 김치 등 비슷한 패턴의 반찬이 반복되면서 도시락에 대한 흥미는 떨어졌다. 그러다가 2학기에 전학 온 친구가 있었는데 그 아이의 도시락은 한 번도 우리들의 호기심과 기대를 저버린 적이 없었다. 학년이 끝날 때까지 갖가지 색깔로 채워진 도시락 반찬은 예쁜 건 물론 맛까지 일품이었기에 우리에게는 선물 같았다. 학창 시절을 떠올리면 친구의 도시락은 여전히 그 시간의 행복한 추억으로 남아 있다.

늘 비슷했던 엄마의 도시락이 예전의 일타강사 같은 내 수업이라면 아이들과 함께 나누는 지금의 즐거운 수업은 매일같이 설렘을 안겨주던 친구 엄마의 창의적인 도시락이 아닐까! 교직 경력이 쌓여 가면서 줄어들 줄만 알았던 수업 고민은 여전하지만, 나는 힘닿는 데까지 매일매일 즐거운 도시락을 준비하여 아이들과 함께 맛있는 수업을 나누고 싶다.

"선생님, 오늘 뭐 배워요?"라는 질문이 "엄마! 오늘 반찬이 뭐예요?"라고 묻는 설렘과 같은 의미라는 것을 이제는 안다. 그렇기에 조금 귀찮아도 나를 성장시키는 질문으로 받아들이며 늘 감사한 마음으로 깊이 새겨 두려 한다.

가끔은 빛나는 햇살을 너희들 품으로

수행평가를 치르느라 파김치가 되어 가는 아이들을 보며 다소 폭력적인 시험 형태를 되돌아보았다. 요즘은 학생 중심의 과정평가를 지향한다고 하지만 점수가 나와야 하는 형국이 되면 그 평가는 과거와 다름이 없다. 아이들에게는 그저 시험의 또 다른 형태로 인식될 뿐이다. 교과마다 단시간에 뿌려지는 엄청난 평가의 양 때문에 아이들이 느끼는 압박감 또한 크다.

전 과목의 수행평가 단원이 칠판 맨 위에서 아래까지 잔뜩 채워지면, 어느 순간 아이들의 한숨 소리가 깊어진다. 이 많은 과목을 한꺼번에 외우려면 얼마나 힘들까? 학생들을 열심히 독려하면서도 한편으로는 늘 안쓰럽고 미안한 감정이 들기 마련이다. 교사와 엄마, 두 마음이 공존하는 갈등 상황에 있다 보면 언제나 마음이 착잡하다.

그렇게 많은 과목의 살인적인 수행평가가 하나씩 칠판에서 지워지던 어느 날이었다. 그날따라 다소 지친 아이들을 보면서 공부하라고 다그치기에는 너무도 화창한 날이었다.

"얘들아, 시험도 끝났는데 우리 뭐할까?"

"선생님! 야외 수업하면 안 돼요? 한 번만요."

"음. 그럼, 이번 한 번만 나가는 거다."

갑작스러운 제안에 서로 눈치를 보던 아이들이 속마음을 꺼내기 시작했다. 잠시 일탈에 대한 걱정이 들었지만 '그래! 하루 바람 쐰다고 세상이 바뀔 리 없겠지.'라는 생각에 나는 못 이기는 척 허락을 해주었다. 그동안 시험으로 고단했을 아이들과 함께 교실을 탈출하기로 한 것이다. 아이들은 환호하며 기쁨의 탄성을 질렀다.

그런데도 불안의 끈을 놓지 못한 나는 괜스레 다음 수업을 설명하고 있는 게 아닌가. 공부하라고 채근할 마음도 없고 무겁게 짓눌린 아이들의 마음을 훌훌 털어 버리자는 마음에서 '야외 수업'을 허락한 것인데, 이런 내 모습에 스스로 실망과 당황스러운 감정을 감출 수 없었다. 교과서 없이 아이들을 바라보자고 마음을 고쳐먹었다. 그리고 선포하듯 "좋아, 오늘은 그냥 바람이나 쐬자."라며 기분 좋게 말했다. 조용하던 아이들 입가에 금세 핑크빛 웃음이 번져 갔다.

"우리는 이제부터 노작 활동을 할 거야."

'노작'이란 말의 뜻을 알 수 없었는지 아이들은 말똥말똥한 눈망울로 빤히 쳐다본다. "노작(勞作)이란 '힘들여서 일한다'라는 뜻이야. 이번 시간에 노작이라는 단어를 몸으로 익혀 볼 거야."라고 말하자 비로소 고개를 끄덕인다.

뜻하지 않게 학교 텃밭으로 나간 아이들은 흙을 만지고 상추 모종 옆에 뾰족뾰족 자란 잡초를 뽑기 시작했다. 따가운 햇볕 아래 땀을 뻘뻘 흘리면서도 계속 앉았다 일어나다 보니 나는 현기증이 날 지경이었으나 아이들은 아랑곳하지 않았다. 더위 따위는 아무렇지 않다는 듯 재빠른 손놀림으로 부지런하게 몸을 움직였다.

넋을 잃고 텃밭 가꾸기에만 몰두하던 아이들에게 그늘에서 좀 쉬라고 해도 멈추지를 않는다. 이쪽저쪽 뛰어다니고 깔깔대며 유쾌한 시간을 보내느라 분주하기만 했다. 그동안 교실 수업을 하느라 잠시 잊고 있었던 자유롭고 장난끼 가득한 아이들의 모습이 햇살 아래 눈부시게 빛났다.

"선생님~" 그때 예인이가 슬며시 나를 부른다. 여느 때와 같이 '또 배가 아픈 모양인가 보다.'라고 짐작했다. 예인이는 수업이 시작되면 거의 매일같이 조용히 앞으로 나와서 배가 아프다고 신호를 보내는 아이였다. 그리고는 보건실과 화장실을 들락날락하며 공부에 대한 불안감을 호소했었는데, 오늘도 교실에서 그랬던 것처럼 조용히 내게 다가온 것이다.

나는 아이 손을 잡으며 "왜? 또 배가 아프냐?"라고 다정하게 물었다. 예인이는 수줍게 웃으며 "아뇨? 풀 뽑는 일이 재미있어요. 계속하고 싶을 만큼 제 적성에 딱 맞아요. 아무 생각도 안 나고요, 공부보다 훨씬 즐거워요. 맨날 하고 싶어요."라고 대답했다. 그 말을 듣는 순간 가슴은 쿵 내려앉았다. '아! 우리 예인이가 오늘은 아프지 않단다. 정말 다행인데, 내 맘은 왜 그렇게 아플까?' 예인이는 내 마음을 아는지 모르는지 상기된 목소리로 끝없이 재잘재잘 떠들어대고 있었다.

> 心不在焉 視而不見 聽而不聞 食而不知其味.
>
> 마음이 있지 않으면 보아도 보이지 않고, 들어도 들리지 않고, 먹어도 그 맛을 알지 못한다.
>
> 『대학(大學)』, 정심장(正心章) 중에서

교사의 시선이 아이들 마음에 가 있지 않고, 교육 현장이 아이들의 행복한 삶과 성장을 외면된 채 오직 지식을 전수하는 일에만 빠져 있다면 우리는 얼마나 많은 것을 놓치게 될까? 과연 아이들의 상처와 욕구를 들여다 볼 수 있을까?

햇살과 바람을 맞으며 아이들이 한껏 행복해 하는 모습을 보면서 나는 교학상장(教學相長)의 의미를 다시 떠올려 본다. 가르치고 배우며

서 서로 성장하는 일이 꼭 학문에만 있는 것은 아니다. 그래서 더더욱 아이들을 둘러싼 모든 환경을 즐거운 배움의 기회로 만들어 주고 싶다. 그 안에서 아이들의 웃음소리를 더욱 자주 들을 수 있기를 소망한다. '얘들아! 우리 가끔 따뜻한 햇살과 바람을 맞으러 교실 밖으로 나가자. 선생님이 너희들 소원, 꼭 이루어 줄게!'

문자 너머 만나는 따뜻한 세상

其爲人也孝弟 而好犯上者 鮮矣. 不好犯上 而好作亂者 未之有也.

君子務本 本立而道生 孝弟也者, 其爲仁之本與.

그 사람됨이 효성스럽고 우애가 있으면서 윗사람을 범하는 자는 드물다. 윗사람을 범하기를 좋아하지 않으면서 난을 일으키는 자는 드물다. 군자는 근본에 힘쓰며 근본이 서면 도가 생겨난다. 효도와 우애란 아마도 인(仁)[2]을 행하는 근본인저!

『논어(論語)』, 학이편(學而篇) 중에서

시대가 많이 변했음에도 인간이 갖춰야 할 본질은 무엇일까? 시간이 지나도 그대로 남는 것! 그것은 바로 사랑(仁), 인간다움이지 않을

◆

2 "인(仁)"은 공자의 사상에서 핵심 개념이다. 문자적 의미는 '사랑의 이치, 마음의 덕'의 의미로서 '어짐, 인자함'이다. 공자는 이 개념을 '사람을 사랑하는 것' 혹은 '사람을 사람답게 대하는 것'이라는 뜻으로 썼다.-김원중, 『논어』, 휴머니스트, 2019.

까? 품격 있는 사람으로 길러 내기 위해 우리가 교육에서 놓치지 말아야 할 것은 무엇일까? 혁신학교는 성적에 의한 경쟁 교육보다 학생의 행복한 삶과 성장에 초점을 두고 교육하고자 한다.

이러한 교육철학은 한문 교과에서도 맥락을 같이하고 있다. 한문에 담긴 삶의 가치를 통해서 인간다운 사람으로 성장시키는 것을 목표로 한다. 딱딱한 문장을 말랑말랑한 철학으로, 차가운 문자를 따뜻한 실천으로 변화시키기 위해 수업 시간을 십분 활용하고자 한다.

그 시작이 바로 자신을 존중하고 사랑하는 것이다. 교사로서 아이들을 존중하는 것뿐만 아니라 아이들이 자신을 존중하도록 도와주어야 한다. 한자나 한자어 키워드를 통해 자신을 이해하고 사랑할 줄 알도록 하며, 이를 통해 자존감을 높이는 수업을 하고 있다.

나의 뿌리 알기, 내 몸 알기, 나에게 감사하기, 자기의 호(號) 짓기와 좌우명을 통한 비전 그려 보기 등 아이들이 자신의 삶을 들여다보는 것이 첫 시작이다. 이 수업을 통해서 아이들은 자신이 얼마나 소중한지, 내 주변에 감사할 일이 얼마나 많은지 느끼게 되었고, 더 나아가 긍정적인 자신의 미래를 그려 보면서 성찰의 시간을 갖게 되었다.

그 다음은 나로부터 한발 더 나아가 친구를 돌아보는 시간으로 확장해 나간다. 암기 위주의 지식 주입에서 벗어나 많은 영역에서 인성 수업의 요소를 찾아내고 친구와 관련된 활동을 하면서 관계를 맺는다. 배움의 과정 속에서 친구들과 일상을 나누고 서로를 알아간다.

마지막으로 가족과 이웃의 마음을 살피고 감사하는 일이다. 내 주변뿐만 아니라 세상을 위해 내가 기여할 점은 무엇인가를 고민하면서

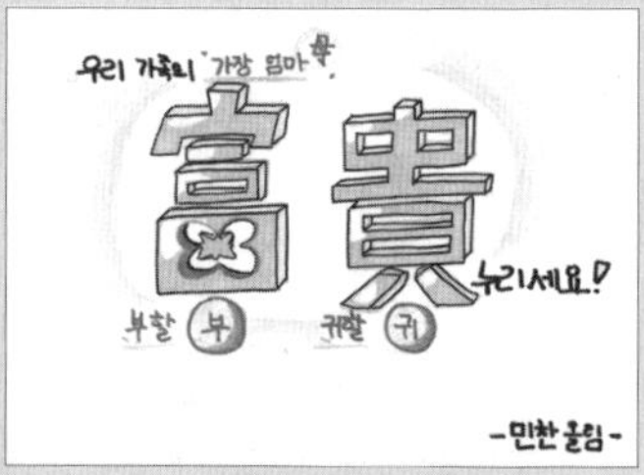

이 시대의 교육이 놓치지 말아야 할 것도 따뜻한 마음을 살려 내는 일, 즉 인간다운 본질을 회복시켜주는 것이 아닐까 생각한다. 그래서 교과 지식을 삶에서 실천할 수 있도록, 아이들의 일상에 자연스럽게 스며들도록 하는 그 일을 나만의 교육철학과 방식으로 함께 배우고 가르치는 스승이 되고 싶다.

아이들은 세상에 한발 더 다가간다. 어떨 때는 고전의 문장에서 또 어떨 때는 관계 속에서 아이들과 맞닿은 삶을 발견한다.

일 년이 지나면 아이들은 말한다. "선생님. 친구들을 알아가는 시간을 통해 공부할 수 있는 시간을 주셔서 감사합니다. 덕분에 행복했어요."라고. 학교에서만 나눌 수 있는 배움, 한문 시간에만 접할 수 있는 이야기들을 세상과 연결하고 싶었던 내 마음이 아이들의 말속에서 빛나는 순간이다.

"내 신체에서 소중하고 아름다운 부분을 알아보는 기회가 되었고 자존감이 높아진 수업이었습니다."

"부채에 쓴 좌우명을 읽을 때마다 이 뜻에 대해 생각해 보고 제가 더욱 강해지는 그런 수업이었습니다."

"서로 뜻깊고 좋은 한자를 선물하면서 교우 관계도 단단해졌습니다."

"한문 수업을 통해 한자만 배운 것이 아니라 나와 친구들에 대해 더 자세하고 깊게 알게 된 것 같아서 뜻깊었습니다."

"평소에 하기 힘들었던 말을 가족과 나누어서 어려웠지만, 행복하고 값진 시간이었습니다."

공자의 제자 자장이 스승 공자에게 인(仁), 즉 '사랑을 실천하는 것'에 관해 물었을 때 공자는 '공손함(恭), 너그러움(寬), 믿음(信), 영민함(敏), 은혜(惠)'를 세상에 실천할 수 있으면 인(仁)을 구현한 것이라고 말했다. 급변하는 시대 환경에서 우리가 지켜 내야 할 것도 바로 참된 삶을 살아가기 위한 이런 인간다운 자세가 아닐까?

이 시대의 교육이 놓치지 말아야 할 것도 따뜻한 마음을 살려 내는 일, 인간다운 본질을 회복시켜 주는 것이 아닐까 생각한다. 그래서 교과 지식을 삶에서 실천할 수 있도록, 아이들의 일상에 자연스럽게 스며들도록 하는 그 일을 나만의 교육철학과 방식으로 함께 배우고 가르치는 스승이 되고 싶다.

한문에서 한자는 하나의 문자에 불과하지만, 아이들이 배움을 통해 문자 너머의 세상과 만나길 바란다. 자신의 가치를 존중하고 사랑하며 따뜻한 어른으로 성장한다면 더 바랄 것이 없겠다. 인간다움을 중시하고 서로 존중하며 함께 따뜻한 세상을 만들어 가길 소망한다. 그래서 나의 수업은 언제나 한문에 담긴 선인들의 지혜, 인간다움, 삶의 철학을 통해 아이들의 삶에 영감을 주고자 한다. 먼 훗날 아이들이 성장해서 인생의 참된 가치를 터득하고 행복한 삶을 살아갈 수 있도록 말이다. 이러한 배움의 시간을 통해 아이들은 결국 단단한 자신을 만나게 될 것이라 확신한다.

몰입의 즐거움에 머물다

한시 번역 수업이 있는 날이었다. 눈 앞에 펼쳐진 한시의 전문을 슬쩍 훑어본 아이들은 고개를 절레절레 흔들기 시작했다.

송인(送人)[3] -그대를 보내며

雨歇長堤草色多 - 비개인 긴 강둑에는 풀빛이 짙은데

送君南浦動悲歌 - 남포에서 그대를 보내니 슬픈 노래 울리네

大同江水何時盡 - 대동강물 언제 다할 것인가?

別淚年年添綠波 - 해마다 이별의 눈물 푸른 물결에 더해지네[4]

"선생님, 이거 뭐예요? 뭐라고 쓰여 있는 거예요?"

난생처음 보는 한시 문장에 아이들의 두 눈이 휘둥그레졌다. 마치 외계어를 보는 듯한 표정에 그만 웃음이 빵 터질 뻔했다. 혼란에 빠진 아이들에게 "조금 있다가 너희들이 이 암호를 풀게 될 거야."라고 하자 어떤 녀석은 깊은 한숨을 몰아쉬고 또 어떤 녀석은 도전적인 눈빛을 반짝거렸다.

수업 시간에 가장 많이 듣는 아이들의 질문은 "선생님, 이거 답이 뭐예요? 어떻게 풀어요?"라는 말이다. 습관적인 질문을 통해 지금까지 어떤 교육을 받아왔는지 여실히 알 수 있다. 아이들이 모르는 것을 질문할 때마다 즉각적으로 정답을 알려주는 수업 방식이 전부였기 때문이다. 가정에서도 마찬가지이다. 아이들이 실수할 기회도 주지 않고, 또는 골똘히 생각해 보기도 전에 부모가 앞서 모든 방향을 제시한

◆

3 고려 시대의 문신 정지상(鄭知常)이 이별의 슬픔을 노래한 한시(漢詩).

4 다락원 출판사에 실린 해석임.

다. 수십 년간 이러한 방식에 길들어 버린 아이들은 질문보다는 정답을 묻는 일이 당연시되었다. 교사도 다를 바 없었다.

교사는 마치 정답을 알려주는 역할이 전부인 사람들처럼 참고 기다려 주기보다는 답답한 마음에 아이들이 생각할 기회를 빼앗곤 한다. 나와 아이들은 이런 수업 형태의 관행에서 벗어나 스스로 문제 해결을 위해 정답을 찾아가는 과정을 중요시한다.

아이들은 적응이 안 되는지 처음에는 계속 손을 들어 "이거 하나만 알려 주시면 안 돼요?"라든지 "아이들도 다 모른대요."라며 투정 어린 푸념을 늘어놓는다. 나 역시 각 모둠을 기웃거리다 보면 얼른 답을 알려 주고 싶어 안달이 나기도 한다. 그러다가 힌트를 주고 나서 참을성 없는 나를 스스로 질책하기도 했다. 조금 더 기다리면 아이들이 해결 방법을 찾아낼 텐데 매번 성급한 가르침으로 충분히 생각할 시간을 뺏어 버리곤 하는 것이다. 어쩌면 아이들보다 준비가 안된 사람은 정작 내가 아닐까 생각될 때도 있다.

처음에는 무슨 소리인지 모르겠다며 우왕좌왕하던 아이들의 모습이 어느새 수업 중반을 지나자 탐구의 세계 속으로 몰입하기 시작했다. '둑이 뭐야? 남포는 뭐냐? 남쪽 포구인가? 그럼 포구는 뭔데?' 끝없이 나오는 질문에 서로 핀잔을 주기도 하고 정답과는 거리가 먼 의견들을 나누며 깔깔대기도 했다. 처음에 힘들게만 느껴졌던 공부가 함께 고민하고 문제를 해결해 가니 달콤하고 즐거운 과정으로 변했다. 창의력이 뛰어난 아이들이나 상상력이 풍부한 아이들은 더욱 진지하고 깊숙이 배움의 시간 속으로 몰입하곤 했다.

둘째 구(句), 송군남포동비가(送君南浦動悲歌)의 교과서 해석

- 남포에서 그대를 보내니 슬픈 노래 울리네!

학생들의 답

- 그대를 보낸 남녘 포구에서 슬픈 노래 들려오네!
- 그대를 남쪽 포구에서 떠나보내고 들려오는 슬픈 노래에 마음이 움직이네!
- 그대를 보내고 남쪽 포구에서 뱃고동 소리가 슬픈 노래처럼 들려오네!
- 남쪽 포구에서 그대를 보내고 슬픈 노래와 함께 걷네!
- 그대가 남쪽 포구로 갈 때 눈가를 울리는 슬픈 노래가 들리네!

아이들의 해석을 보고 있노라면 어떻게 저런 생각을 했는지 놀라게 된다. 비록 정답이 아닐지라도 이런 배움의 과정을 통해 아이들의 사고가 말랑말랑 유연해진다는 것을 알겠다. 그래서인지 정답보다 훨씬 감성적이고 창의적인 아이들의 대답이 가끔은 내 마음을 더 설레게 한다. 자기의 주장을 자신 있게 발표하고 다음 질문에 집중하는 모습, 머리를 긁적이며 골똘히 생각하는 모습, 어렵지만 끝까지 해내는 끈기, 서로 의지하고 소통하며 답을 찾아가는 아이들의 배움의 자세야말로 내 수업을 돌아보게 하는 거울이다.

'미치지 않으면 미칠 수 없다'라는 불광불급(不狂不及)이란 한자어에서 알 수 있듯이, 몰입은 일의 완성뿐만 아니라 즐거움까지 선물한다. 여기에 아이들의 배움이 이르도록 안내해야 한다. 즐거움을 느끼는 요소가 다양하듯 반드시 흥미를 끄는 수업 활동이 아니더라도 학문 탐구에 깊이 몰입할 수 있음을 알 수 있다.

각각 혼자였다면 어려운 일이지만 서로 함께 해결해 가는 즐거움도 얻을 수 있었다. 어려운 문제를 풀기 위해 깊이 몰입하는 아이들 모습은 교사에게 짜릿한 쾌감을 안겨 주었고, 교육의 방향을 다시금 돌아보게 했다.

"와! 이거 해석하느라고 머리 아파 죽는 줄 알았어요."

"어려운데 재밌어요."

"선생님! 이거 정답은 아니지만 정말 감성적인 해석이지요?"

"3조는 진짜 해석 잘한다."

"애들아! 아까 우리가 생각한 게 맞았어. 그렇지. 하하"

교사 스스로 어려운 부분이라 여기고 가르치지 않거나, 또는 이 정도까지는 몰라도 된다는 생각으로 배움의 과정을 생략하여 영 교육과정[5]을 자초한다면 아이들은 배울 기회뿐만 아니라 몰입의 경험을 영영 잃게 될지도 모른다. 조금 더디지만 길을 찾아가는 아이들을 바라보며 어려워하는 과목을 어떻게 가르쳐야 할지, 간혹 이 부분은 가르치지 않아도 되지 않을까 하며 갈등하던 고민도 눈 녹듯이 사라지는 순간이었다.

◆

5 영 교육과정이란 배울 만한 가치가 있음에도 공식적 교육과정이나 수업에서 배제된 교과나 지식, 사고 양식 등의 교육과정(교육 내용)을 말한다.

교과서에 나오는 정답처럼 세상일이란 정해진 것이 없으니까, 남들이 말한 정답보다 스스로 고민한 가치와 사고가 아이들을 훌륭하게 만들어 줄 테니까, 혹시 헤매는 길 가운데 돌고 돌아 정답을 찾아낼 수도 있으니까, 바로 그 과정을 배우는 것이 참된 배움인 것이다. 설령 지금 배운 이 지식을 몽땅 잊어버릴지라도 괜찮다. 함께 공부하면서 고민하고 길을 찾던 시간이 값진 경험으로 남으리라는 것을 알기에 이 순간 배움에 깊숙이 파고드는 아이들의 빛나는 눈빛이 나를 더욱 가슴 뛰게 한다.

너희들 자체로 아름답다

天不生無祿之人, 地不長無名之草.

하늘은 녹이 없는 사람을 태어나게 하지 않고, 땅은 이름 없는 풀을 기르지 않는다.

『명심보감(明心寶鑑)』 성심편(誠心篇) 중에서[6]

『명심보감』의 '성심편'에 나오는 이 구절을 되새겨 보면 인간은 모두 자신에게 맞는 역할이 있음을 알 수 있다. 더 나아가 한 명 한 명이

◆

6 고려 충렬왕 때의 문신 추적(秋適)이 금언(金言), 명구(名句)를 모아 놓은 책. 하늘의 밝은 섭리를 설명하고 자신을 반성하여 인간 본연의 양심을 보존함으로써 숭고한 인격을 닦을 수 있다는 것을 제시해 주고 있다.

존재로서의 소중한 가치가 있다는 뜻으로도 해석할 수 있다. 간혹 자기가 공부를 못하니까 선생님이 좋아하지 않으리라 생각하는 아이가 있다. 그래서 수업 시간이면 괜히 주눅이 들고 선생님과 거리를 두기도 한다. 어찌 보면 아이들 생각은 반은 맞고 반은 틀렸다. 교사가 아이들을 바라보는 시선은 한 가지가 아니기 때문이다.

학업 능력주의의 시선에서 벗어나면 아이들 제각기 고유의 빛을 가진 존재임을 교사라면 누구나 알고 있다. 어느 누구도 무엇이 가장 아름답다고 말할 수 없는 것처럼 교실에서 각기 자기 색으로 빛나는 학생들 한 명 한 명이 모두 소중한 빛깔이라는 것을.

#장면 1 고사성어 더빙 작업 발표가 한창인 가운데 다른 작품들과는 다르게 완성도 높은 작품이 눈에 띄었다. 생동감 넘치고 흥미진진한 것이 실제 판매되는 동화책이라면 당장 사고 싶을 정도였다. 알고 보니 그 비밀은 준희의 편집 기술 덕분이었다. 준희는 늘 조용히 지내서 이렇다 할 주목을 받지 못했는데 아이들 앞에서 작품의 편집 과정을 상세하게 설명해 주는 모습을 지켜보면서 보석처럼 빛나는 준희의 모습을 발견할 수 있었다.

#장면 2 장난이 심한 인석이는 수업 시간마다 선생님들에게 혼나기 일쑤였다. 녀석의 장점이라고는 오직 저음의 듣기 좋은 목소리를 가졌다는 것이고, 그마저 학교에서는 뽐낼 기회가 없는 재능이었다. 그런데 UCC 영상 제작과 고사성어 더빙 작업 과정에서 성우 뺨치는

목소리와 실감나는 인석이의 연기는 끝날 때까지 관중을 압도했다. 매일매일 꾸중만 듣던 인석이는 작품 발표 후에 모처럼 어깨가 으쓱해졌다. 칭찬에 멋쩍게 웃는 녀석을 보면서 나도 덩달아 행복했다.

#장면 3 협동화를 그리는 시간이었다. 일 년 동안 한 번도 존재감을 드러내지 않고, 주로 아이들의 이야기를 경청만 하던 세희가 갑자기 채색 도구를 들고 붓을 휙휙 휘두르더니 멋진 그림을 완성했다. 가만히 지켜보던 아이들의 눈이 휘둥그레지더니 붓을 잡고 함께 그리기 시작했다. 그림을 전공하는 아이도 아닌데 완성된 그림은 모두의 눈을 의심케 할 정도로 훌륭했다. "세희야! 너에게 이런 엄청난 재능이 있었구나! 선생님, 완전히 놀랐어!"라고 말하니 갑작스러운 칭찬에 세희는 수줍게 웃기만 했다.

#장면 4 모든 학습에서 속도가 느린 진모는 성격도 소극적이어서 강한 어조로 혼내기조차 조심스러운 아이였다. 한자 쓰기 수행평가가 있던 날, 진모는 종이 울릴 때까지 느린 속도로 답을 써 내려가고 있었다. 다른 아이들은 이미 작성을 끝내고 진모가 끝나기만을 기다리던 터였다. 보고만 있자니 답답한 마음도 들었던 나는 혹시 하나도 못 쓴 건 아닐까 내심 걱정스러워 다가갔다. 그런데 시험지 칸마다 정답인 한자들이 빼곡했다. 평균적인 속도를 요구하는 공교육에서 도무지 따라오지 못할 것 같았던 이 녀석이 나의 불편했던 마음을 따뜻하게 토닥여 주었다.

#장면 5 자기표현을 전혀 하지 않는 재웅이와 늘 자신감이 넘쳐서 자기중심적이던 태민이가 같은 모둠이 되었다. 서로 서먹해서 제대로 공부나 제대로 할까 걱정이 이만저만이 아니었다. 그런데 모둠 발표 시간에 태민이는 소극적인 재웅이가 자신의 의견을 이야기할 수 있도록 끝까지 기다려 주고 있었다. 걱정스러운 얼굴로 다가갔더니 "조금 늦긴 해도 저희 잘하고 있어요."라고 태민이가 말하는 것이 아닌가. 아이들 모습을 바라보며 두 아이에 대한 편견으로 가득 찼던 내 생각이 방향을 틀기 시작했다.

#장면 6 언제나 말이 없고 의욕도 없던 연서가 어느 날부터인가 종치기 무섭게 쏜살같이 교과 교실로 뛰어온다. 아이들 발열 체크도 스스로 해주고 난 후에는 교실 청소까지 말끔하게 한다. 교실의 고장 난 시계도 고쳐놓고 수업에 집중하기 시작했다.

헤어지는 날, 편지를 보고 꾹꾹 숨겨 두었던 연서의 마음을 알았다. '선생님! 한문은 어려워서 싫지만, 선생님이 좋아요!' 나도 마음속으로 똑같이 말했다. '선생님도 착한 연서가 너무 좋아!'

#장면 7 공부에 흥미가 없는 선영이는 틈만 나면 엎드리던 아이였다. 시험이 다가오면 열심히 공부하길 바라는 내 바람과 아이의 행동은 잘 합치되지 않았다. 그러던 어느 날, 시험이 끝나고 잠시 장기자랑을 하는 시간이 있었다. 아이들이 쭈뼛쭈뼛하는 사이에 갑자기 엎드려 있던 선영이가 벌떡 일어나 흥겨운 노래에 맞춰 신나게 춤을 추

교사의 시선에 따라 아이들은 각기 다른 재능으로 특별하게 빛날 수 있다. 그래서 아이들을 교육하는 교사에게는 조금 더 섬세한 시선이 필요하다. 성적에 관계없이 학생들이 자신을 사랑하고 존재의 의미를 이해하며 세상에 드러날 수 있도록 해주는 남다른 '배움의 시선'말이다.

기 시작했다. 조용했던 교실은 어느새 축제 분위기로 바뀌었다. '와우! 저 녀석 안에 내가 모르던 열정이 숨어 있었구나!' 공부의 관점으로만 선영이를 바라보던 시선을 바꾸니 그날 이후 선영이가 좀 더 특별하고 사랑스러웠다.

#장면 8 "한문은 왜 배워요?"라고 맨날 투정을 부리는 준서가 전각 활동에 몰입하고 있었다. 지금껏 한 번도 보지 못한 진지한 눈빛과 태도는 내 눈을 의심하게 할 정도였다. 한술 더 떠서 "선생님, 재밌어서 더 하고 싶은데, 재료 하나 더 주시면 안 될까요?"라고 말했던 순간은 가히 충격적이었다. 저렇게 공부를 안 하면 커서 뭐가 될까 걱정했던 녀석인데 '나중에 뭔가 좋아하는 일이 생기면 그때는 지금처럼 잘 해내겠구나'라는 생각에 그날따라 준서를 바라보는 내내 흐뭇한 마음이었다.

#장면 9 은주는 한문 시간이면 아이들을 진두지휘하며 늘 이끌어 주던 아이인데, 어느 날부터 학교에 오지 않는 날이 잦았다. 복도에서 우연히 만난 은주는 "선생님! 저 학교 다니기 싫어요. 집에 가고 싶어요."라고 말하고 나서 사라졌다. 딱히 친한 친구가 없어 감정의 기복이 더 심했으리라 짐작하며 다시 만난 은주에게 말했다. "너는 마음이 따뜻하고 리더십이 있는 아이야. 선생님은 그런 네가 참 좋아."

그날 이후 나에게 갑자기 무슨 색을 좋아하냐며 물었던 은주가 아침 일찍 예쁜 보라색 꽃다발을 선물해 주었다. 보라색 꽃다발을 볼 때마다 내내 외롭고 아팠을 은주와 따뜻한 마음씨의 은주를 동시에 떠올리게 되었다.

#장면 10 모둠 구성이 있던 날, 민유네 모둠 구성원은 그야말로 거의 폭탄 수준에 가까웠다. 민유를 제외한 나머지 모둠원은 다른 친구들과 잘 어울리지 못하는 아이들로만 뽑혔다. 이런저런 착잡한 생각으로 머리만 굴리던 내게 민유는 웃으며 말했다. "선생님, 괜찮아요. 제가 애들 데리고 잘해 볼게요. 잘할 수 있어요. 걱정하지 마세요." 성적도 우수한 아이였지만 무엇보다 훌륭한 성품에 절로 고개를 숙이게 되는 어른 같은 아이였다. 그 아이의 긍정과 포용을 배우고 싶어졌다.

교사의 시선이 소수의 공부 잘하는 아이들에게만 향할 때 다수의 아이는 길을 잃고 헤맬 수밖에 없다. 학업성적이라는 능력주의에서 벗어나 아이들을 존재 자체로서 존중하고 사랑의 눈길로 배움의 방향을 틀었을 때 비로소 아이들의 새로운 면을 발견할 수 있었다.

『논어』[7]에는 학생을 대하는 공자의 개별교수법이 곳곳에 드러나 있다. 모든 학생에게 획일적인 가르침을 주는 것이 아니라 학생 저마다의 개성과 소질, 능력에 따라 가르친다. 자만한 학생은 깨우쳐 주고 행동이 느린 학생은 앞으로 나아가게 하고 경솔한 학생은 생각의 깊

◆

7 유가(儒家)의 경전인 『사서(四書)』의 하나로, 고대 중국의 사상가 공자(孔子)의 가르침을 전하는 옛 문헌이다. 공자와 그 제자와의 문답을 주로 하고, 공자의 발언과 행적, 그리고 고제(高弟)의 발언 등 인생의 교훈이 되는 말들이 간결하고도 함축성 있게 담겨 있다.

이를 더하게 하고, 발분하지 않는 제자는 가르치지 않았다.

안회처럼 똑똑하고 겸손한 제자에게는 칭찬을 아끼지 않고 아무리 스승이라도 배움을 주저하지 않았다. 또한 학업 능력이 뛰어나지 않은 제자라도 각기 지닌 능력이 골고루 쓰일 수 있음을 알려 주었다. 그들을 존재로서 한 명 한 명 인정하고 존중한 것이다. 이는 개개인의 특성과 능력을 파악했을 때만 가능하며, 제자들에 대한 깊은 이해와 사랑에서 나오는 모습이 아니었을까 감히 생각한다.

교사의 시선에 따라 아이들은 각기 다른 재능으로 특별하게 빛날 수 있다. 그래서 아이들을 교육하는 교사에게는 조금 더 섬세한 시선이 필요하다. 성적에 관계없이 학생들이 자신을 사랑하고 존재의 의미를 이해하며 세상에 드러날 수 있도록 해주는 남다른 '배움의 시선' 말이다. 아마도 이러한 교육 환경에서 자란 아이들은 분명 자기만의 색을 내는 원석이 될 것이라고 믿는다.

지금 그리고 미래에도 진정 우리 교육이 나아가야 할 방향은 지식의 축적이 아니라 아이들을 하나의 존재로서 존중하며 사랑(仁)을 실천하는 것이다. 나 또한 그러한 배움의 시선으로 교육을 실천하는 참스승의 삶을 닮아 가고자 한다.

배움의 시선 2

도 전

맨땅에 헤딩, 목공 1호반 성공!

학무지경(學無止境), 배움은 끝이 없다는 뜻이다. 기술 교사의 능력이라면 새롭게 발전하는 기술들을 학생들에게 소개하고 체험시킬 수 있어야 하기에 끊임없이 노력하고 발전해야 한다. 새로운 수업을 망칠까 두려워서 혹은 기존의 수업이나 주어진 환경을 탓하며, 변화를 시도하지 않는 교사들을 '철밥통'이라 비난하기도 한다. 하지만 나는 그런 교사가 되고 싶지 않다.

실패라는 상처를 통해 굳은살이 생기고 더욱 단단해져 '철통 같은' 교사가 되는 그날까지! 지루함이 반복되는 학교가 아닌, 내일이 기대되고 새로운 배움이 넘치는 학교가 될 수 있도록 도전하고자 한다.

배건웅

웅쌤

경기 중등 교사 6년 차 기술 교사, 현재 부천 도당중학교에 근무하고 있다. 2년째 혁신교육 동아리 무지개 회원으로 활동하며 학교 문화 개선에 동참하고 있다. 학생들은 나를 부를 때 이름은 빼고 유튜버, 기술쌤, 기가쌤, 웅쌤, 도당동 공유 등 별명을 불러준다. 언제나 20대이기를 바라고 나이를 잊은 채 학생들과 소통하는 철없는 피터팬을 꿈꾸는 와중에 어느덧 이곳 혁신학교에서 30대를 맞이해 버렸다. 입시에 지친 학생들이 기술 시간만은 잠시 쉬어 가고 즐기는 시간이 되길 바란다. 부지런히 '노는 수업'에 대해 고민하면서 부족함을 채우기 위해 노력 중이다.

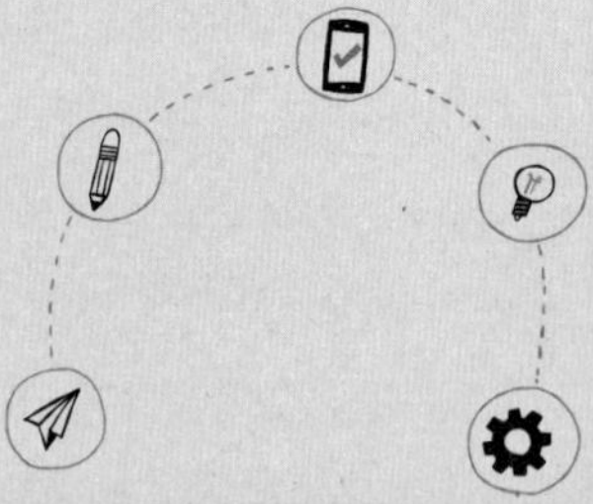

설득의 기술: 선생님 주요 과목만 하면 되잖아요!

사람들은 대부분 선생님의 학창 시절을 생각하면 바르고 성실하고 공부도 잘하는 소위 모범생을 떠올리기 쉽다. 그러나 나는 그렇지 못한 문제 학생이었고, 주요 과목만 공부하는, 선생님들이 표현하기를 소위 치사한 학생이었다. 국영수 시간에는 모범생, 나머지 시간은 수업 방해의 주범이었다. 그 당시 입시에 비중이 큰 주요 과목을 제외한 나머지 과목은 왜 배워야 하는지조차 이해하지 못했다. 그러다 보니 자주 혼나고 지적을 받았다.

어느 날, 참다 참다 폭발한 가정 선생님이 나에게 말씀하셨다.

"건웅아, 여자가 한을 품으면 오뉴월에도 서리가 내린다는 옛말이 있단다. 선생님이 건웅이 때문에 한이 생겨 3반에 들어가기가 싫어지고, 너에 대해 안 좋은 감정이 자꾸 생겨서 걱정된다."

"참나~ 이렇게 날씨가 좋은데 무슨 서리가 내려요?"

친구들은 나의 말대꾸에 크게 웃었고, 선생님은 손에 든 교과서를 내려놓고 잠시 침묵하시더니 수업 도중에 교실 밖으로 나가셨다. 방과 후에 담임선생님에게 불려가 여러 선생님 앞에서 호되게 혼났다. 나를 좋아하셨고 나 또한 잘 보이기 위해 애썼던 영어 선생님 앞에서 나의 이중성이 밝혀진 것만 같아 부끄럽고 치욕스러웠다.

수업을 망친 것에 대해 정중하게 사과하라는 담임 선생님의 말씀대로 가정 선생님을 찾아간 나는 더욱 부끄러운 상황을 맞이하게 되었다. 화를 내거나 따끔하게 혼낼 줄 알았던 선생님께서는 과자와 주스를 내어 주시고는 다 먹고 가는 것이 벌이라고 하셨다. 그랬던 내가 기술 선생님이 되다니! 가끔 동창들과 그 시절을 이야기하면 다들 운명의 장난이라면서 우스갯소리를 한다. 정말 운명의 장난일까?

학기 초, 학창시절의 나를 쏙 빼닮은 학생을 만났다. 예의 바르고 높은 학업성취를 보여주던 치완이가 기술가정 시간이면 아무것도 하지 않고 친구들과 장난만 치거나 잠자는 모습으로 일관하는 것이 아닌가. 하루는 성적의 배점이 제법 큰 논술형 수행평가를 보는데도 치완이는 30초 만에 책상에 엎드렸다. 화도 나고 걱정도 되었던 나는 치완이를 깨워서 왜 시도도 하지 않고 엎드려 자는지 물었다.

치완이는 이렇게 대답했다.

"기술가정은 왜 배워야 해요? 주요 과목만 해도 고등학교 가는 데 문제없잖아요."

순간 부끄러운 과거가 떠올랐다. 말문이 막히면서 당황한 기색을 감출 수 없었지만 과거의 나에게 대답하듯 말했다.

"국민 공통 교육과정에 국어, 영어, 수학 말고 다양한 교과들이 있는 건 대한민국 국민이라면 누구나 기본적으로 알아야 하고 배워야 하는 내용이기 때문이야. 치완이는 꿈이 뭐니?"

"프로게이머가 되거나 컴퓨터 관련 일을 하고 싶은데요."

"그렇구나. 다음 학기에 정보통신기술 배울 건데 그땐 열심히 들어야겠다. 컴퓨터 기본 지식뿐만 아니라 그 분야와 관련된 진로도 살펴볼 거야."

"그런데 건설 기술은 왜 배워야 해요? 이번 단원은 정말 재미없고 듣기 힘들었어요.”

“선생님도 치완이처럼 생각한 적이 있어. 치완이 생각에 공감이 안 되는 건 아니야. 하지만 학교 교육은 전 국민이 대상이라서 네가 원하는 내용만 구성하는 건 불가능하지.”

“다양한 교과들은 멋진 어른으로 성장하기 위한 균형 잡힌 식사인 거야. 네가 먹고 싶은 것만 골라 먹으면서 계속 편식하면 올바르게 성장할 수 있을까?”

“어렵겠죠.”

“그렇지? 프로게이머와 건설 기술이 직접적인 연관은 없어 보여도 다양한 지식을 배우고 상식을 넓히며 생각의 영역을 확장해 나가려면 다양한 교과들을 통한 균형 잡힌 성장을 해야 해. 건축이나 토목에 관심 있는 친구들에게는 이번 단원이 정말 흥미진진한 수업일 텐데, 치완이가 잘 참여하지 않고 분위기를 흐트러뜨리면 친구들에게도 피해가 되겠지?”

“그러네요, 쌤. 제가 무식하거나 피해 주는 사람이고 싶진 않아요. 그래도 이론 수업 말고 재밌는 실습 수업 많이 해주세요.”

“그래, 이 녀석아. 선생님이 재밌는 실습 수업도 더 준비하고 실생활 관련 예시도 종종 해줄 테니까 조금만 더 열심히 해보자”

치완이는 살짝 민망한 얼굴로 조용히 목례한 후 서둘러 교실로 돌아갔다. 그러고는 조금씩 수업에 참여하려는 노력을 보여주었다. 철없던 어린 시절의 나와 대화를 나눈 듯했다. 한편 가정 선생님의 다과 벌칙이 생각나 괜히 울컥한 마음이 들었다.

기술 교육은 교육의 3요소인 지식, 태도, 기능 중 기능적인 측면에 중점을 둔 특성화된 교과이다. 과거에는 직업 교육적인 요소가 강했다면 1990년대를 지나면서 일반 교육으로 전환되었다. 이제 4차 산업 혁명이라는 지식 기반 사회에서 학생들이 함양할 문제 인식이나 문제 해결 능력, 협업 능력, 의사소통 능력 등 기술 교과라는 매개체를 이용하여 학습하게 하는 것이 주요한 과제가 되었다. KBS 2TV에서 방영했던 〈대화의 희열〉에서 정신의학과 오은영 박사의 다양한 교과 학습의 필요성에 대한 말씀을 정리해보았다.

> 공부라는 건 대뇌를 발달시키는 과정이다. 전문적 지식은 공부에 재능이 많은 학자의 영역이며, 지식보다 상식을 배워 나가면서 새로운 정보를 이해하고 해석하고 처리하는 과정 속에서 대뇌의 인지 기능이 발달한다. 또한 공부를 통해 자기 신뢰감과 자기 효능감 또한 높아지게 된다. 따라서 공부는 본래의 목적을 위해 자기 학년에 맞게 전 과목을 골고루 공부하는 것을 추천한다.

학교 수업이니 무조건 다 열심히 하라는 권위주의적인 교육으로는 더 이상 학생들을 이끌어 나갈 수 없다. 학습의 필요성을 설명하고, 교과별 특징을 살린 진로교육과 동기부여를 통해 설득해야만 한다. 단순히 좋은 입시 결과가 아니라 전인적인 성장을 지향하는 고민과 도전이 담긴 기술교육 이야기를 아이들과 함께 나누고 싶다.

배움의 기술: 안 하고 후회할래? 해보고 후회할래?

2019년 11월, 전역하자마자 바로 다음 날 혁신학교에 출근했던 기억이 생생하다. 다행히 인자한 학년부장 선생님과 동료 교사들의 도움으로 무사히 한 해를 마무리하고 이듬해, 전 학교에 원격교육이라는 새로운 플랫폼이 적용되며 정신없이 한 학기를 지내게 되었다.

그런데 하루는 교장 선생님께서 나를 부르시곤 혁신학교답게 예산 2천만 원으로 기술실 현대화 사업을 진행해 달라고 요청하셨다. 드디어 다른 학교처럼 다양한 수업을 운영할 수 있겠구나 하는 기쁜 마음과 함께 경력도 짧은 내가 그처럼 큰돈을 활용해야 한다는 부담감 또한 컸다.

교장 선생님의 제안을 지금이라도 거절할까 고민했지만 '안 해보고 후회할 바에 해보고 후회하자!'라는 좌우명을 되뇌며 학생들에게 더 좋은 기술 교육의 기회를 제공할 수 있다는 설렘으로 맨땅에 헤딩이 시작되었다.

일과를 마친 후에는 목공 업체 이곳저곳 연락해서 상담을 받기도 하고, 3D프린터를 구매하기 위해 기술 교사의 커뮤니티 및 대학 동기의 연락처를 뒤져 열심히 예산을 구성했다. 2천만 원이라는 예산으로 목공 수업과 최신 기술 관련 수업을 완벽히 갖추기에는 무리가 있었다. 하지만 언젠가는 나의 의지가 담긴 바톤을 받아주실 선생님이 등장하리라는 믿음과 기대감으로 기반을 다져 나갔다.

그해 연말이 다가올 즈음에 기술실 정리와 새로운 공구 구비가 마무리되었고, 이제 남은 것은 준비된 환경을 활용하여 새로운 수업을 하는 것뿐이었다. 하지만 대학 졸업 이후 한 번도 만져본 적이 없던 낯선 공구들과 3D프린터는 또 다른 도전 과제였다. 애써 준비된 기자재들을 원격수업에 적용할 엄두가 나질 않았다.

'기껏 거금 들여서 개편하면 뭐해. 학생들은 등교도 제대로 못 하고 실습 비용은 터무니없이 적으니 상황은 전혀 다를 게 없잖아!'라는 푸념과 핑계만 가득한 채 하루하루 보내던 중에 혁신 동아리 모임에서 미술 교사 박 선생님의 수업 나눔 이야기를 들을 수 있었다.

박 선생님의 수업은 지금까지 보아온 다른 미술 수업과 달랐다. 한 학기 내내 학생들과 함께 교실을 꾸미기도 하고, 학교 전체를 돌아다니며 벽면 디자인을 새롭게 했다. 값도 비싸고 칠하기 어려운 페인트 대신에 저렴한 가격에 다양한 색감의 테이프를 활용했을 뿐인데 학교 전체가 멋진 미술관처럼 변했다.

박 선생님의 수업 사례는 불만 가득했던 나에게 좋은 자극이 되었다. 예산이 없어도 주어진 환경 속에서 학생들에게 활용 가능한 수업을 진행하는 것이 교사의 능력이고 재량이지 않겠는가.

"안 해보고 후회 말고, 해보고 후회하자!"

무엇이라도 시작해 보자는 생각으로 담임 학급을 대상으로 방과 후 목공반을 모집했다. '한 명도 신청하지 않으면 어쩌지'라는 걱정과 달리 무려 열 명이나 신청서를 냈고 해당 학생들이 모인 자리에서 솔직하게 자백(?)하게 되었다.

"얘들아, 선생님이 목공 경험은 있는데 목공 수업은 처음이다. 부족해도 이해해 주고 혹시 우리의 작품이 망해도 길가에 버리지는 말아 주렴. 하하."

"오, 선생님. 저희가 도당중학교 목공반 1호예요?"

"대박! 우리가 처음 시작하는 거면 기계들도 다 새것이겠네요?"

"선생님, 쉬운 것부터 시작하다가 책상도 만들고 싶어요."

내 걱정과 달리 착한 아이들은 오히려 날 격려하면서 '목공 1호'라는 자부심까지 보여주었다. 주어진 예산을 쪼개고 쪼개 두꺼운 나무 판자를 구매하여 도마 제작부터 시작했다. 학생들은 원목으로 원하는 모양의 도마를 만들 생각에 신이 나 보였다. 비록 도마 제작용 고급 목재가 아닌 탓에 절단 도중에 일부가 깨지기도 하고 무리하게 절단하다가 띠톱 기계 날이 빠지는 등 실수 연발이었지만, 마침내 아이들이 원하는 디자인의 도마가 완성되었다.

가장 인상 깊은 도마를 만든 아이는 석민이었다. 석민이는 학업의 관심도가 낮아서 수업 참여를 안 하거나 딴짓을 하던 학생이었다. 관심 있는 과목이라고는 오직 체육 시간뿐인 녀석이 목공반에 들어온 것 또한 놀라운 일이기도 했다.

첫날, 기술실에 어슬렁어슬렁 들어오는 녀석을 보면서 과연 열심히 할까 걱정되긴 했지만, 친구들에게 도움을 요청하거나 나에게 질문하는 모습이 여간 대견스럽지 않았다. 목공 수업에 열심히 참여한 석민이는 투박하나마 본인이 구상했던 검 모양의 독특한 도마를 완성했다. 완성된 도마에 우드 버닝기로 평소 좋아하는 가수의 시그니처 사인이 인쇄된 종이를 내밀며 쑥스러워하던 녀석의 모습이 아직도 눈에 선하다.

무기력하고 무뚝뚝한 석민이의 또 다른 모습을 볼 수 있었듯이, 학생들의 새로운 모습을 발견하고 다양한 배움을 통해 성취감을 높여줄 기회를 제공했다는 점에서 이번 목공 1호반은 성공적이었다. 마지막 목공반 수업을 마치며 그동안 열심히 따라와 준 학생들을 위해 준비한 간식을 나눠준 후 기술실을 나가려는데 석민이가 넌지시 다가와 내게 했던 말이 떠오른다.

"저… 선생님, 목공반 내년에도 해요?"

수업의 기술: 학생중심수업

2021년 무더운 7월, 뜨거운 도쿄 올림픽 응원과 함께 여름방학이 끝나고 2학기가 시작되었다. 중학교 1학년은 자유학년제로 학생들은 일 년간 지필 평가의 부담에서 벗어나 삶의 역량을 키울 수 있도록 배움중심수업과 진로탐색 활동 등 다양한 체험 활동을 할 수 있도록 교육과정을 유연하게 운영하는 제도이다. 이러한 제도는 학생들에게도 좋은 기회일 뿐만 아니라, 교사들 또한 성적이라는 족쇄에서 벗어나 자유로운 수업을 시도해 볼 기회이다.

1학년 수업을 처음 맡은 나는 기존 수업의 틀에서 벗어나 학생들과 자유롭고 새로운 수업을 할 절호의 기회라는 생각에 기존에 준비했던 수업을 모두 미룬 채 2학기 첫 수업에 들어갔다. 그리고 칠판에

학교 수업이니 무조건 다 열심히 하라는 권위주의적인 교육으로는 더 이상 학생들을 이끌어 나갈 수 없다. 학습의 필요성을 설명하고, 교과별 특징을 살린 진로교육과 동기부여를 통해 설득해야만 한다. 단순히 좋은 입시 결과가 아니라 전인적인 성장을 지향하는 고민과 도전이 담긴 기술교육 이야기를 아이들과 함께 나누고 싶다.

커다랗게 '2학기, 뭐 하지?'라고 적었다.

"선생님! 3D프린터로 각자 만들고 싶은 것을 만들어요. 이번에 새로 구매했다 하셨잖아요."

"교실에 필요한 물품들을 우리가 직접 만들어 보는 건 어때요?"

그때 1반에서 엉뚱한 말을 잘하기로 소문난 장난기 넘치는 수만이가 손을 번쩍 들고 일어나며 큰소리로 외쳤다.

"선생님, 우리 올림픽 해요!"

"오, 선생님. 저희가 활을 만들어서 양궁 올림픽을 개최해요."

순간 정적이 흐른 것도 잠시, 학생들은 양궁에 대한 화제로 꽃을 피우며 찬성과 반대로 팀을 나눠서 토론하기 시작했다. 이윽고 하나의 의견을 수렴한 결과, 압도적으로 '양궁 올림픽'이 1등이었다. 학생들 앞에서 너희들이 하고 싶은 수업을 하자고 당당하게 외쳤지만, 막상 전례 없는 수업을 진행하자니 설렘 반 부담 반이었다.

그러나 학생들이 원하는 수업이라면 설사 결과가 좋지 않더라도 시도해 보자는 신념으로 학생들과 필요한 재료 및 제작 방법에 대해 의견을 나누었다. 각자 스마트폰을 나눠 준 후에 인터넷 검색을 한 결과, 다행히도 나무젓가락과 고무줄 같은 간단하고 저렴한 재료들로 그럴싸한 활을 만든 예시들을 찾을 수 있었다.

수업이 끝난 후에 필요한 재료와 제작 과정 등을 선정하여 같은 학년을 지도하는 동 교과 선생님에게 수업의 방향을 조금 변경해도 되겠냐는 동의를 구했다. 흔쾌히 승낙해 주신 덕분에 기술실을 돌아가며 쓰기로 조율하고 필요한 재료 주문에 들어갔다.

다음 차시 기술 수업은 학생들과 조원을 정하고 활 제작 설계도를 작성하는 시간을 가지기로 했다. 그때 1학기 수업 설문에 작성된 조원 선정에 대한 학생들의 불만이 떠올랐고, 이에 대한 해결책을 고민해 보았다. 사실 조별 학습을 진행하는 선생님이라면 누구나 한 번쯤은 고민했을 내용일 것이다.

경력이 많은 선생님들은 어떻게 이 딜레마를 해결하셨을까? 나는 고민 끝에 혁신 동아리 모임에 조언을 구하기로 했다. 좋은 이야기들이 오갔으나 마음에 와닿는 방법은 안 선생님의 조언이었다.

“조장이 되고 싶은 학생들을 모아 조원들을 배정하게 해보세요. 선생님이 보는 눈보다 친구들이 보는 눈이 정확하답니다. 조장들이 알아서 학업 성취도가 뛰어난 학생과 부족한 학생을 절묘하게 나눠 모두가 균형 있는 조가 될 거예요. 학생들을 믿어 보세요.”

이 방법을 수업 시간에 적용해 보기로 했다. 우선 조장을 희망하는 학생들에게 너희 스스로 원하는 조를 직접 구성해 보라 하고는 늦게 뽑히는 학생이 상처받지 않게 은밀하고 위대하게(^^) 선정한 후 선생님에게 조용히 명단을 넘기라며 특수 임무를 배정해 주었다.

그 결과, 조별 학습 처음으로 모두가 만족하는 조원이 선정되었다. 조장들은 본인이 뽑은 조원이기에 더욱 열심히 이끌려 노력했고, 마음이 맞는 친구와 함께하다 보니 수업의 활기나 적극성 또한 높았다.

수업을 학생들이 주도적으로 이끌어 갔다. 나의 역할은 순회 지도를 통해 학생들이 문제 상황에 봉착된 경우 해결 방안을 제시하거나 안전을 위해 공구 작동만 도울 뿐이었다. 설계부터 제작까지 조별 토의를 거쳐 한 걸음 한 걸음 완성으로 나아가는 학생들이 너무나 대견했다.

화살이 힘없이 날아가 과녁에 꽂히지 않거나 제작 중 활이 부러지는 등 조별로 다양한 시행착오를 겪었으나 누구 하나 짜증 내지 않고 처음부터 다시 제작에 임했다. 특히 공학적 재능이 뛰어난 찬유는 수업시간만으로는 성이 차지 않았는지 방과 후까지 남아 거대한 양궁을 완성하는 열정을 보여주었다. 각 조의 대표 선수로 선발된 학생들은 과녁을 준비하여 쉬지 않고 연습하고 제작자와 머리를 맞대고 활을 고치는 등 한마음으로 참여하는 아름다운 수업을 만들어 갔다.

대망의 학급 대표를 뽑는 예선전이 다가왔다. 학생들은 활쏘기 연습을 위해 쉬는 시간 종이 울리자마자 기술실에 줄을 선 채 내가 오기만을 기다리고 있었다. 조별 평가가 이루어진 당시 아이들의 눈빛은 김재덕과 안산 선수만큼이나 진지했고 조원들의 염원을 담아 한 발씩 활을 쏘아 나갈 때마다 환호와 탄식이 교차했다.

우리들의 장기 프로젝트는 성공적으로 마무리되었다. 입시를 벗어난 학생중심수업은 지금껏 배움에 수동적인 학생들의 자세를 변화시킬 수 있었으며, 창의성과 비판적 사고는 물론 조원들과의 협동을 통해 문제의 해결능력까지 함양할 수 있는 시간이었다. 제조기술이라는 단순한 지식을 전달하는 데 그치지 않고 학생들을 수업의 주체로 끌어들이고 학습자의 정체성을 찾아 학생 중심의 참여 수업을 시도했던 이 경험은 혁신교육이라는 목표에 한 걸음 다가섰던 유의미한 도전이었다.

소통의 기술: 기술 선생님은 유튜버

2년 전, 원격수업이라는 새로운 플랫폼의 등장과 함께 학교는 큰 혼란에 빠졌다. 학생들과 선생님 모두 새로운 방식의 수업을 받아들이고 익숙해지는 데 큰 어려움을 겪었던 한 해였다. 여러 가지 시도를 해보는 과정에서 수업 진행에 한계를 느끼던 차에 내가 직접 수업 콘텐츠를 제작해 보면 어떨까 하는 생각이 들었다.

곧장 4차 산업혁명 수업에 필요한 다양한 자료를 취합하고 자막 작성과 음성 녹음까지 도맡아 나만의 영상을 제작했다. 이렇게 만든 영상을 유튜브 채널에 업로드하였다. 1차 산업혁명부터 4차 산업혁명까지의 대표적인 기술에 대한 설명과 앞으로의 직업 변화에 대한 예측을 과제로 삼아 거꾸로 수업(Flipped learning)[8]을 계획했다. 부족한 나의 영상이 채널을 타고 전 세계에 공개된다고 생각하니 이런저런 걱정이 앞섰다.

하지만 학생들의 반응은 뜨거웠다. 이미 학생들에게 친숙한 플랫폼이라서 그런지 수강 및 과제 제출률 모두 비약적으로 향상되었다. 클래스룸에서 발생하는 다양한 돌발 상황도 없이 모두가 편안한 수업이 되었다.

"얘들아, 구글 미트나 유튜브나 둘 다 똑같은 실시간 수업인데 유

◆

8 기존 전통적인 수업 방식과 반대되는 개념으로, 수업에 앞서 학생들이 교사가 제공한 강연 영상을 미리 학습하고, 강의실에서는 토론이나 과제 풀이를 진행하는 형태의 수업 방식을 말한다. -네이버 지식백과

튜브가 좋니?"

"네! 유튜브로 수업하면 소통이 잘되고 수업 같지 않아서 편하고 좋아요."

학생들은 낯설고 어려운 클래스룸보다 친숙한 유튜브를 통한 수업에서 더 원활한 소통과 흥미를 느끼는 듯했다. 신기한 사실은 나의 영상 수업에 학생들이 아닌, 다른 학교 선생님들의 댓글이 달리기 시작했다. '선생님 영상이 정말 좋네요. 수업 시간에 활용해도 될까요?' 라는 댓글을 볼 때면 밤새워 영상을 제작한 보람을 느낄 수 있었다.

기술 과목에서 고민되는 수업 중 하나가 이론 수업이다. 실습 위주의 교과이다 보니 이론 수업을 할 때 학생들의 표정은 바라보는 내가 다 고통스러울 정도다. 어느 날, 건축 시공 과정을 열심히 설명하던 도중 수업 종이 울려 버렸다. 설명이 부족해서 수업 참여도가 낮았나 하는 반성도 해보고 수업 자료가 부실하지는 않았나 고민도 해보았다. 수업 준비에 더욱 박차를 가하여 다음에 추가 설명을 하고자 했으나 수행평가 계획 탓에 주어진 시간도 빠듯했다.

숱한 고민 끝에 내린 결론은 유튜브를 통해 학생들에게 추가 영상을 제공하기로 했다. 학생들의 흥미를 돋우기 위해 다양한 건축회사의 영상을 추가 편집하고 실제 사진도 첨부했다. 시공 현장에서 직접 찍은 사진을 보여주며 삶과 밀접한 연관이 있는 지식임을 강조했다. 영상 중간에는 학생들의 이목을 집중시키기 위한 편집 효과를 넣거나 미리 준비한 농담을 섞어서 소통을 시도하기도 했다.

다행히 학생들은 뜨거운 반응을 보내주었고, 심지어 가정에서도 논술형 수행평가 준비를 위해 반복 시청을 할 수 있게 되어서 감사하다는 학부모님의 댓글도 있었다. 학생들은 선생님 얼굴이 등장하는 영상 수업을 접한다는 자체만으로도 즐거워했다. 다음에는 자신들도 참여하는 다양한 활동이 담긴 영상을 제작해 주었으면 좋겠다고 입을 모아 말했다. 인상적인 소감은 평소 말수가 적고 학급 활동에 한 번도 적극적인 모습을 보여주지 않던 찬미의 소감이었다.

찬미는 평소 유튜버를 꿈꾸던 학생이었기에 이러한 영상 촬영과 편집 등에 굉장히 관심이 많았다. 남자 담임이 처음이어서 그랬는지 좀처럼 긴 얘기를 하지 않던 찬미가 하루는 나를 찾아왔다. 영상편집에 관해 이것저것 물어보던 찬미가 자신의 채널을 소개해 주었을 때 감격스러울 만큼이나 놀라웠다.

"선생님, 저도 유튜브를 하고 있는데 선생님이 쓰신 편집 프로그램이 어떤 건지 궁금해요. 저도 선생님이 쓰신 다양한 특수 효과를 넣어서 편집하고 싶은데 어려워요."

매사 소극적으로 보였던 찬미가 이렇게 말도 조리 있게 하고 확실한 꿈과 취미생활을 꾸려가는 적극적인 학생이었다니! 수업만으로 학생들의 참모습을 파악하기란 역시 쉽지 않음을 다시 한 번 느낀 순간이었다. 비록 사소한 노력이지만 수업의 양과 질적인 측면의 향상을 가져왔을 뿐 아니라 이를 통해 학생들의 또 다른 모습을 볼 수 있었기에 값진 소통의 도구라고 확신하게 되었다.

이전까지 나 역시 학생들과의 소통은 어렵고 특별한 능력이 필요하다고 생각했다. 하지만 이번 경험을 통해 진정한 소통은 특별한 능

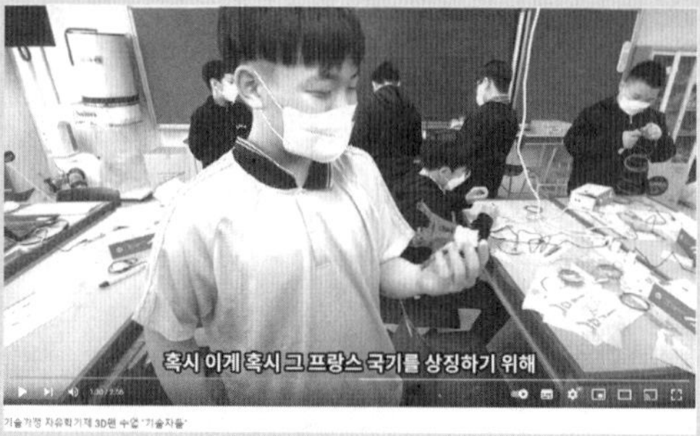

권위를 내려놓고 학생들의 시선에 익숙하고 친숙한 방법을 찾아 시도하려는 교사의 노력과 마음, 그러한 교사의 노력을 알아주고 즐겁게 동참해 주는 학생들의 마음. 이러한 마음이 모여 교사와 학생이 함께 융화되는 시간을 만든다면 그것이 진정한 소통의 시작이 아닐까?

력보다 마음에서 출발한다는 것을 깨달았다. 권위를 내려놓고 학생들의 시선에 익숙하고 친숙한 방법을 찾아 시도하려는 교사의 노력과 마음, 그러한 교사의 노력을 알아주고 즐겁게 동참해 주는 학생들의 마음. 이러한 마음이 모여 교사와 학생이 함께 융화되는 시간을 만든다면 그것이 진정한 소통의 시작이 아닐까?

혁신의 기술: 또 다른 고민

학교마다 원격수업과 등교수업의 병행으로 몸살을 앓던 2020년 2학기 어느 날, 학교 메신저로 혁신교육부 부장님의 호출을 받았다.

"선생님, 젊은 열정으로 다양한 수업을 시도하신다고 들었습니다. 선생님이 3학년 '학년 제안 수업'을 원격으로 해주시면 원격수업에 익숙하지 않은 선생님들에게도 도움이 될 거예요. 이 기회가 선생님의 성장에도 도움이 되리라 생각되는데, 부탁드려도 될까요?"

부장님의 부탁에 나는 무엇에 홀린 듯 '네, 네'라고 연거푸 대답하고는 교실을 나왔다. 정신을 차리고 보니 일반 공개수업도 아니고 원격 공개수업이라니. 거절하기엔 부장님께 다시 설득당할 것이 뻔하기도 하고, 한편 나의 도전 정신을 불태울 또 다른 기회라는 생각이 들었다. 곰곰이 생각해 보면, 교실에 앉아서 수업을 듣는 것이 아닌, 각자의 공간에서 각자의 통신기기를 통해 수업에 참여한다는 것을 색다른 기회로 삼는다면 오히려 전화위복이리라 생각했다.

나 역시 기술을 지도하는 교사이다. 4차 산업혁명에 따른 삶의 변화에 따라 학생들이 세계시민으로써 성장하고 주도하는 역할 수행을 돕기 위해 최신 기술교육 동향을 파악하고 학생들의 삶과 연계되는 수업을 제공할 의무가 있다. 가상현실(VR)부터 시작해 드론, 코딩을 지나 최근 인기 있는 4차 산업혁명 관련 수업으로 '인공지능'과 '메타버스'가 있기도 하다. 학생들의 흥미를 유발하고 모두가 쉽게 체험할 수 있는 인공지능 수업으로 딥러닝[9]을 원격수업의 주제로 선정하였다.

원격수업 당일, 담임 학급 학생들과 3학년 동료 선생님들이 실시간 화상 프로그램에 모여 딥러닝에 대한 수업을 진행하였다. 언제나 긴장되고 떨리는 공개수업이지만 차분하게 인공지능에 대한 정의와 머신러닝, 딥러닝에 대한 설명을 간략히 마친 후 딥러닝 프로그램에 접속하여 함께 실습할 내용을 설명해 주었다.

먼저 친숙한 연예인들의 사진을 프로그램에 입력한 후 본인 사진을 올리면 닮은 연예인을 찾아주는 프로그램 개발 과정부터 시작했다. 예시로 나의 사진을 넣어 보니 배우 공유와 80% 이상 닮은꼴로 뜨는 것이 아닌가? (물론 엄선된 사진 자료를 고르는 사전 작업이 있었던 것은 비밀이다.)

"여러분, 역시 기계는 거짓말을 하지 않네요."

◆

9 컴퓨터가 입력된 다량의 데이터를 학습하여 마치 사람처럼 인지능력과 추론 능력을 활용하고 최적의 답안을 고안해 낸 후, 이를 또 데이터화하여 학습하는 것. 대표적인 예로 이세돌 선수와 대결한 알파고가 딥러닝 프로그램이다.

나의 농담에 채팅창은 물론 마이크에서는 비난과 환호가 터져 나왔다. 학생들은 자기들 사진도 실험해 보자고 요청하면서 폭발적인 반응이 쏟아졌다.

"잠시 진정하시고요, 이번에는 여러분이 직접 딥러닝 프로그램을 개발할 차례입니다. 사진, 음성, 동작 등 다양한 데이터를 입력할 수 있으니 본인만의 딥러닝 프로그램을 자유롭게 개발해 보겠습니다. 완료한 학생들은 화면 공유를 통해 발표해 주세요."

"선생님, 저는 마스크 인식 프로그램을 개발했어요. 마스크 쓴 모습을 촬영해서 데이터로 입력하면 마스크 벗은 경우와 마스크를 쓴 경우, 두 가지 안내가 나오게 제작했습니다."

"저는 동물 목소리 인식 프로그램을 만들어 봤습니다. 멍멍! 소리를 내면 개라고 뜨고 야옹~ 소리를 내면 고양이라고 떠요."

희범이가 본인이 개발한 프로그램을 자랑하겠다며 여러 동물 소리를 내는 바람에 웃음바다가 되었다.

"여러분, 정말 훌륭합니다. 선생님이 생각하지 못한 다양한 프로그램을 개발하다니, 대견해요. 이처럼 딥러닝은 간단하게 미리 제작된 프로그래밍 언어와 초기 입력 데이터만 활용한다면 무궁무진한 프로그램을 제작할 수 있어요. 자, 마지막으로 인공지능과 관련된 진로를 알아보며 수업을 마무리하겠습니다."

다행히 학생들과 동료 선생님들의 열띤 반응 속에 학년 제안 수업을 마칠 수 있었다. 이에 용기를 얻은 나는 새로운 4차 산업기술 관련 수업에 도전하고자 했다. 정식 수업에 진행하기에는 부담이 되어 '4차 산업 분석반'이라는 동아리를 개설하여 학생들을 모집했다.

예상대로 다양한 동아리 가운데 학생들의 이목을 집중시키면서 가장 인기 있는 동아리로 떠올랐다. 동아리 OT 시간에 학생들의 설문을 조사한 결과, 가장 체험해 보고 싶은 4차 산업혁명 기술 1위는 역시나 메타버스[10]였다. 각자의 개성이 담긴 다양한 캐릭터로 만난 우리 동아리원의 아바타들은 한 방에 모여 화상회의를 진행하였고, 저마다 가상 교실을 꾸미는 시간을 가졌다.

학생들은 즐거운 듯 각자 마음에 드는 소품과 책상들을 교실 곳곳에 배치했다. 물론 장난꾸러기들은 교실 뒤편을 슈퍼카로 도배하기도 하고, 닭을 꺼내 교실 벽에 놓기도 했다. 가상공간인 만큼 설령 닭인들 공룡인들 무슨 문제가 되겠는가?

"이번에는 우리 함께 방 탈출 게임을 즐길 겁니다. 주어진 링크로 다시 접속해 주세요."

학생들은 일제히 다른 공간으로 이동하였고, 모두 미니 캐릭터가 되어 방 탈출 게임에 몰입했다. 그러던 중 한 가지 문제가 발생하였다. PC가 아닌, 태블릿이나 스마트폰을 통해 접속한 학생은 특정 단계에서 키 입력 제한으로 통과하지 못하는 장애에 부딪힌 것이다. 아쉽지만 기술적 한계로 인해 그런 학생은 PC를 사용하는 학생들과 같은 조가 되어 화면 공유를 통해 함께 게임을 진행하였다.

◆

10 가상을 의미하는 'Meta'와 우주를 뜻하는 'Universe'의 합성어로 현실 세계처럼 다양한 활동이 가능한 가상세계를 의미한다.

학생들의 반응은 뜨거웠으나 절반의 학생들은 원활한 체험을 하지 못했으니 이번 수업은 절반의 성공인 셈이었다. 아쉬운 마음이 컸던 나는 메타버스 수업 진행의 경험이 있던 기술교육과 대학 동기 선생님에게 이러한 상황에 대한 대처법을 물었으나 돌아오는 대답에 낙심을 했다.

"선생님, 제가 근무하는 강남 지역은 학생마다 노트북이나 PC, 태블릿, 스마트폰이 기본으로 한 대씩 있더라고요. 학교에서 그런 문제가 발생한 적이 없어요."

새로운 기술의 체험이라는 수업에서 설마 이렇게 지역별 격차가 존재하리라는 사실은 상상도 하지 못했다. '최신 기술과 관련된 다양한 정보와 체험을 제공하고 학생들이 변화하는 사회에 잘 적응할 수 있도록 하는 게 수업의 목적인데, 교육 환경부터 이토록 차이가 벌어지다니!' 어쩌면 이러한 교육 환경과 경험의 차이는 학습 격차를 넘어 빈부의 격차로도 이어질 수 있다는 생각에 씁쓸해졌다.

경기 혁신교육은 혁신학교의 정의를 '민주적 학교 운영 체제를 기반으로 윤리적 생활공동체와 전문적 학습 공동체를 형성하고 창의적 교육과정을 운영하여 삶의 역량을 기르는 자율학교'라고 한다. 뒤이어 '단 한 명의 아이도 포기하지 않는 책임 교육의 실현'이라는 혁신교육의 약속이 나온다.

진정한 교육 혁신은 교사의 노력만으로는 이룰 수 없다. 물론 교사의 역량이 필수적이며 그로 인해 수업의 혁신을 이루는 것도 중요하지만, 지역별 격차, 학교 간 격차로 벌어지는 차이를 교사의 노력만으로 해결하기란 쉽지 않다.

나의 경험담이 말해 주듯, 정보기기의 차이로 발생하는 경험의 격차를 줄이기 위해서는 다양한 지원 제도를 마련해야 한다. 학교별로, 지역별로 부족한 점을 세세하고 면밀하게 조사하여 정말 필요한 곳에 적절한 지원이 이루어지는 방안이 마련되어야 할 것이다. 이처럼 현실적인 보완을 해 나갈 때 우리의 혁신교육은 더욱 완성도 있고 바람직한 방향으로 나아가리라고 생각한다.

배움의 시선 3

행복

지금 행복한가요?

삶의 목적은 행복이다. '행복한 삶을 살아야 해.'라고 하지만 행복이 무엇인지는 알려주지 않는다. 청소년의 행복지수가 낮게 나타나는 이유는 행복에 대한 학습이 이루어지지 않은 데서도 찾을 수 있다. 청소년 삶의 만족도를 향상시킬 수 있는 방법의 하나가 수업이다. 수업을 통해 행복의 의미를 알고 느끼며, 존중받는 즐거운 수업이 학생들을 행복한 삶의 주인으로 만들 수 있다. 사회 수업을 통해 행복의 주인공이 되길 바라며 수업에 행복을 담았다.

박영미

중등 32년 차 교사로 현재 도당중학교에서 사회를 가르치고 있다. 2009년 교육정보화연구대회에서 교육과학기술부 장관상 수상, 2010년 학교를 사랑하는 학부모 모임 김포시지부 아름다운 교사상 수상, 2017년, 2018년 혁신교육 유공교원 부천교육장상을 받았다. 4년째 혁신교육 동아리에서 활동 중이다. 혁신학교와의 만남으로 학생중심교육에 대하여 고민하고 실천하면서 교사로서 성장하고 학생들과 함께 행복한 수업을 만들기 위해 노력하고 있다.

웃음이 가득한 사회

"여러분 행복하세요?"라는 물음에 "네, 행복합니다."라고 자신 있게 대답할 수 있는 사람이 몇이나 될까?

우리나라 GDP 순위는 세계 10위를 기록하고 있지만, 2021년 UN 발표에 따르면 우리나라 행복지수는 전체 조사 대상 149개국 중 61위, OECD 37개국 가운데 35위이다. 물질적 풍요에 비해 많은 사람은 행복하지 않다고 생각하고 있다.

청소년은 행복하다고 생각할까? 우리나라는 보건복지부가 5년 단위로 아동 종합실태조사를 통해 청소년 행복지수를 측정하는데 한국의 OECD 국가의 평균 점수인 7.6점보다 1점이 낮은 6.62점으로 나타났다. 이로써 청소년 또한 삶의 만족도가 낮음을 알 수 있다. 문제는 청소년 삶의 만족도는 성인이 되어서도 개선되지 않는다는 점이다.

행복의 사전적 의미는 '삶에서 기쁨과 만족을 느껴 흐뭇한 상태'이다. 청소년이 많은 시간을 보내는 학교와 교사의 노력이 절대적으로 필요하다. 학생들과 대면하는 수업을 통하여 삶의 만족도를 높여줄 의무가 있다. '수업은 재미있게, 포기하는 학생이 없게, 엎드리는 학생이 없게 해야 한다.' 이것은 내가 학교에 첫발을 딛는 순간부터 수없이 들어왔던 이야기이고 모든 교사가 추구하는 수업이다. 교사는 끊임없이 노력하지만, 학생은 여전히 수업에 흥미를 느끼지 못하고 언제 끝나나 시계만 본다. 수업에서 기쁨과 만족을 느끼지 못하는 것이다.

전문적 학습 공동체에서 동료 교사들과 함께 행복 수업[11]을 공부하면서 행복에 관한 생각 뒤집기로 '행복은 더 이상 종속 변수가 아니라 독립 변수다.'[12]라는 말에 공감이 갔다. 우리가 행복을 느끼는 이유는 건강해서, 공부를 잘해서, 친구 관계가 좋아서, 성공해서가 아니라 우리가 행복을 느낄 때 건강도 공부도 친구 관계도 좋아져서 성공한다는 것이다.

하지만 우리는 어려서부터 '행복하게 살려면 지금은 노력하고 희생해야 한다.'라는 이야기를 듣고 자라는데 정작 행복이 무엇인지는 이야기해 본 적이 없다. 수업은 지식의 전달에만 치중할 뿐 행복에 대해 가르치거나 배운 적이 없다. 행복은 추구하는 대상이 아니라 기쁨의 감정을 자주 느껴 알아차리는 것이다. 행복의 의미를 알고 즐거움과 몰입을 경험할 수 있도록 행복 또한 학습이 필요하다.

행복이 가득한, 그래서 미소가 저절로 지어지는 수업을 위해 행복의 의미를 알아가는 수업을 시작했다. 긍정적 언어 사용, 목표 세우기, 행복 느끼기, 남과 비교하지 않고 자존감 높이기 등을 수업 시작 전이나 시험이 끝난 자투리 시간을 활용하여 실천에 옮기기로 했다.

활기찬 걸음으로 복도를 지나 교실 문을 열며 외친다. "사랑합니다." 밝은 미소에 긍정의 에너지가 전달되도록 말이다. 늘 웃으며 긍정의 말을 찾는다. '오늘은 어떤 인사말을 건넬까?' 아침 뉴스를 보면

◆

11 서울대학교 행복연구센터 행복 수업

12 에드 디너(Edward F. Diener), 미국 일리노이대 심리학과 교수

서도 고민하고 교정을 바라보는 시선 속에서도 긍정 에너지를 찾는다. “사랑합니다, 오늘 운동장 앞에 백일홍이 예쁘게 피었어요.” 학생들은 웅성웅성하더니 운동장을 내다보면서 묻는다. “어디요? 어떤 꽃이 백일홍이에요? 왜 백일홍이라고 해요?” 그 틈에 교실 분위기는 금방 편안해진다. 학생들은 돌아가면서 긍정의 말을 한마디 한마디 주고받는다.

처음에는 쑥스러워하던 학생들도 시간이 지나면서 씩씩하게 외친다. “오늘 하루 잘 지내자, 수업 열심히 하자. 오늘도 파이팅!” 평범한 말이지만 교사와 학생, 학생과 학생 사이의 거리감이 사라진다. 학생들 얼굴에는 어느새 미소가 번져 나간다. 이렇듯 긍정의 언어는 모두를 기분 좋게 만들기 때문에 수업을 시작하면 열린 마음으로 자연스럽게 참여도가 높아진다.

“공부를 왜 해요?” 이 질문에 대한 답으로 많은 학생이 ‘좋은 대학, 좋은 직장을 얻기 위해서’라고 이야기한다. 그래서 학교가 끝나도 학원으로 몰려가고 저녁 늦은 시간이 돼서야 귀가하는 학생들이 많다. 학생들은 아침이 되면 습관적으로 가방을 들고 학교에 오는 반복적인 생활에 길들여 있다. 행복하지 않다고 느끼면서도 지금은 미래의 행복을 위해 노력하는 시간이라고도 한다.

먼 훗날, 그 꿈을 이뤘다고 과연 행복할까? 행복하지 않으면 배움에 대한 열정도 기대할 수 없다. 그래서 나는 학생들과 목표를 세우는 시간을 가졌다. 초등학교에 입학하면서부터 형식적인 목표를 세우는데 이미 익숙했던 터라 처음 이 과제를 제안했을 때 학생들은 마치 숙

제하듯이 목표를 세웠다. 나는 목표의 초점을 행복에 맞추게 하였다.

하루, 일주일, 한 달, 일 년 구체적인 목표를 실천하는 와중에 행복을 경험하도록 해주고 싶었다. 계획 없이 생활하는 것이 아닌, 시간을 내 것으로 만드는 삶, 성공하지 않아도 목표를 향해 나아가는 시간을 통해 얻는 행복감을 느끼도록 말이다. 성공을 못하면 무슨 행복이냐고 말하는 사람도 있겠지만 나는 학생들에게 말한다. 목표를 세우는 이 시간, 그리고 노력을 기울여 가는 시간이 더 소중하고 행복한 시간이라고. 이런 행복을 누릴 수 있는 사람이 되자고 말이다.

학생들과 행복을 주제로 이야기를 나누는 수업을 했다. 패들렛(학생 참여형 플랫폼)에 '행복한 사진'을 올리도록 했다. 반려견 사진, 친구와 찍은 사진, 가족사진, 갖고 싶던 물건을 얻었을 때의 사진, 자신이 하고 싶던 일에 열중해 있는 사진 등 다양한 사진을 올리고 화면에 공유하고 나서 상세한 사진 설명과 그 순간에 왜 행복했는지 이야기하는 시간을 가졌다.

행복했던 시간을 떠올리며 이야기할 때 학생들의 얼굴은 미소로 빛이 났다. 학생들도 '나'를 이야기할 기회가 많지 않아서인지 신이 나서 사진을 설명하느라 원래 한 시간에 끝내려던 수업 계획이 두 시간이나 소요되었다. 저마다 행복했던 순간의 감정을 함께 느끼면서 서로를 알아가고 이해하는 시간이었다.

학생들은 활동을 마친 후 '행복한 시간이 많았어요, 가족의 소중함을 알았어요, 친구의 소중함을 알았어요, 행복은 가까이 있어요. 지금의 이 시간도 행복해요.'라고 말했다. 이를 지켜보며 나 또한 학생들이 행복의 의미를 알아가는 듯하여 뿌듯했다.

행복은 좇아가는 것이 아니라 즐거운 감정을 자주 느끼는 일이다. 학교 수업이 행복해야 하는 이유이다. 학생도 행복해야 하지만 교사도 행복해야 한다. 행복하지 않은 교사가 행복한 학생을 만들 수는 없다. 행복 관련 수업을 통해 학생들과 교사 사이의 벽이 점차 허물어졌고 학생도 교사도 즐거운 마음으로 수업에 참여하게 되었다.

수업은 학생에게는 삶의 일부분의 시간이고 이들이 삶을 살아가는 데 도움이 되는 시간이어야 한다는 점을 생각하면 교사로서의 책무가 가볍지 않다. 교사 또한 삶의 한 방편으로 수업에 임하고 오로지 지식의 전달자로서의 역할만 하기에는 교사의 삶 또한 무미건조하지 않을까. 이제 교사도 학생도 수업을 통해 행복을 찾고 마음껏 웃는 수업을 하자.

생활 속에 배움을 실천하는 사회

수업에 재미를 못 느끼는 학생들은 말한다. “이거 왜 배워요? 알아서 뭐해요? 이거 몰라도 잘 살 거예요.” 또 어떤 학생은 “시험에 나오니까 공부해야지!”라고 말한다. 배워도 쓸모가 없다고 생각하니 공부에 대한 흥미도 열정도 찾을 수 없다.

나의 학창시절에도 선생님들은 강의식 수업을 하셨다. 나 또한 오래도록 강의식 수업을 해오면서 협동학습 등 수업 방법에 대한 여러 변화를 시도했으나 정작 수업 내용에 관한 고민은 하지 못했던 것 같다. '꿈을 키우고 사랑을 나누는 행복한 학교'가 비전인 혁신학교에 근무하게 되면서 나는 드디어 비전을 위한 고민과 노력을 기울이게 되었다. 그 중심에는 수업이 있었다. 학생들이 수업에서 즐거움을 느낄 때 비로소 행복한 학교가 되고 행복한 학생이 된다.

수업은 재미있어야 한다. 재미를 충족하고 쓸모가 있으면 학생들의 몰입도가 커지고 배움에 대한 열정으로 즐거운 수업이 된다. '재미있게'보다는 '실감나게'가 더 중요하다.[13]는 말에 공감하며 생활 속에서 교과 내용과 연계할 만한 주제를 찾아 프로젝트 수업을 진행하기 시작했다. 유머러스하게 학생들을 웃게 하는 재주가 없다 보니 내 수업은 딱딱한 수업, 열의는 있으나 재미없는 수업이었다. 나 또한 가까이 가기에 어려운 선생님이었는데 수업이 변하자 학생들의 반응도 달라졌다.

"선생님! 수업이 재미있어요, 사회 수업해요."

학생들은 쉬는 시간에도 '선생님, 선생님!' 하면서 스스럼없이 질문을 해왔고 어느덧 학생과 친숙한 사이가 되어가고 있었다.

학생들이 아침을 먹고 등교하면 그날 아침에 먹은 식단을 가지고 또는 마트의 진열상품에 대한 사진을 찍어 농업의 세계화와 연결한

◆

13 마르쿠스 베른센, 오연호, 『삶을 위한 수업』 30쪽, 오마이북, 2020.

학습을 했다. 학생들이 먹은 식품의 원산지가 어딘지 지도에 표시하고, 얼마만큼 멀리 이동해서 우리의 식탁에 올라온 것인지를 눈으로 실감하게 한다. 가정에서 생각 없이 먹던 음식이나 자신이 자주 먹는 식품 대부분이 수입임을 알더라도 학생들 눈으로 지도를 확인하면 눈이 휘둥그레지는 경우가 많다.

생각과 실제로 보는 건 차이가 크다. 수업 시간에 학생들 스스로 직접 해보게 하면 좋다. 그다음 한 단계 더 나아가 이런 현상이 초래하는 문제가 무엇인지 학생들이 찾는다. 환경문제를 시작으로 다양한 문제를 찾아 어떻게 하면 좋을지 탐색하는 것이다.

이 과정에서 교사가 목이 아프도록 설명할 필요가 없다. 교사는 학습 안내만 하고 학생들 스스로 학습한다. 오늘 아침에 내가 먹은 음식에서 출발하니 학생들은 흥미를 보이며 수업에 참여한다. 출발이 어렵지 않으니 모든 학생이 따라올 수 있다. 환경문제도 다루고 현명한 소비 활동을 어떻게 해야 하는지에 대한 해결책까지 마무리한다.

이런 수업에서는 자는 학생도 없고 흥미를 잃는 학생도 없고 "왜 배워요?"라고 되묻는 학생도 없다. 이 수업 후 학생들은 제품을 볼 때 원산지 표시부터 보게 된다고 한다. 그전에는 관심도 없던 원산지 표시를 통해 얼마나 많은 탄소를 배출하면서 내게 왔을까를 생각하게 된다고 한다. 역시 학생들은 훌륭하다.

'내가 사는 세계'와 '기후' 단원은 교과 내용만 봐도 방대하기만 하다. 학생들은 이러한 내용을 교과서로 접하는 순간 흥미를 잃는 경우가 많다.

"나와는 상관없는데, 우리나라 기후만 알면 되지 않아요?"

"지구촌에 사니까 다른 나라 기후가 어떤지는 알아야지."

나의 대답에 학생들의 반응은 다양하다. 공통점이라면 수업 시간이기 때문에 책상 앞에 앉아있기는 해도 눈빛에는 어떤 반짝임도 호기심도 찾아볼 수 없다. "여행 가방 싸자!" 수업을 시작하고 이렇게 말하면 분위기가 달라진다.

"무작정 여행 가방을 싸면 어떻게 될까요?"

"여행을 망칠 수 있어요."

"그럼 어떻게 해야 하지요?"

"가려는 나라가 어디에 위치하는지 그리고 기후를 알아야 가방을 잘 꾸릴 수 있을 거 같아요."

학생들 사이에서 이런 대화들이 오고 간다. 나의 경험담도 들려준다. 오래전에 일본 도쿄로 여행 간 적이 있는데 여름이라 덥고 습한 데다 비가 올 것을 예상해서 우산도 챙겨갔다. 하지만 비가 너무 많이 와서 기온이 떨어질 것을 미처 생각 못 하고 반팔만 챙겨갔다가 추워서 고생했던 이야기였다. 물론 새 옷을 사 입으면 되지만 일본 물가가 워낙 비싸서 그냥 추위를 버텼다고 얘기해 주니 모두 웃으며 수업을 시작할 수 있었다.

학생들에게 가고 싶은 나라를 지도에서 찾게 하는 데 이 과정에서 많은 시간이 소요된다. 가고 싶은 수많은 나라에서 하나를 고를 때까지 충분한 시간을 준다. 수업에서 '빨리'라는 용어는 사용하지 않는다. 느긋하게 기다려 준다. 여행지를 정한 후에는 기후에 대하여 알아보

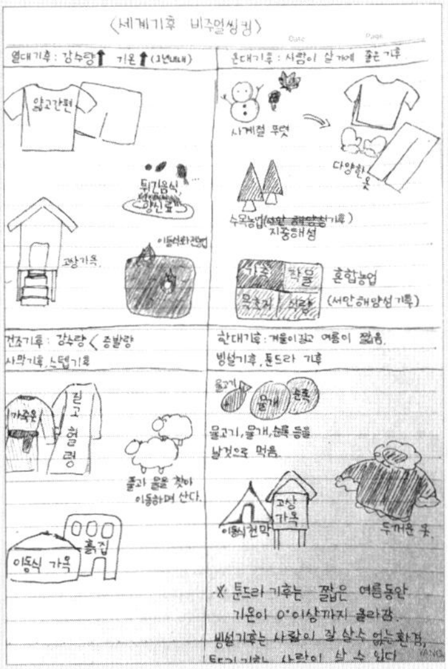

지식 전달만 하면 집중력이 약해지고 지루해지기 쉽다. 재미만 추구하는 수업은 배움에 소홀할 수 있다. 재미있으면서도 배움이 일어나도록 수업을 설계할 필요가 있다. 수업 시간에 배우는 방대한 지식과 생활의 연관성을 찾지 못하면 학생들은 공부에서 어떠한 즐거움도, 배움도 찾지 못한다. 수업 내용이 내 삶에, 생활에 도움이 되면 배움에 대한 열정은 저절로 꽃을 피울 것이다. 삶과 수업이 연계되는 즐거운 수업은 학생과 교사를 성장하게 해주고 행복하게 만든다.

는 시간을 가진다. 교사가 지시해서가 아니라 필요하기 때문이다. 학생들은 필요하면 스스로 움직인다. 여행지에 맞게 가방을 열심히 꾸리는 모습에는 생동감이 넘친다.

각자가 꾸린 여행 가방을 발표하고 질문과정을 거쳐 자신의 가방에 무슨 문제가 있는지를 스스로 알아간다. 한 학생이 여름방학에 오스트레일리아로 여행을 간다고 발표하고 그곳은 온대기후이고 여름이니까 짧은 반팔 상의와 반바지를 준비했다고 하자 다른 학생들이 지적한다.

"오스트레일리아는 겨울이야, 너 얼어 죽어, 아마 공항 밖으로 나가지도 못할 걸."

"왜?"

"오스트레일리아는 남반구에 있잖아, 우리나라는 북반구고. 남반구와 북반구는 계절이 반대야!"

"지구는 자전축이 23.5° 기울어져서 공전하기 때문이야."

"지도 다시 확인해 봐."

학생들이 오스트레일리아 정보를 쏟아내기 시작했다. 교사는 가만히 있으면 된다. 잘못된 정보가 아니면, 학생을 놀리는 듯한 분위기가 아니면, 학생들끼리 충분히 배움이 일어나는 모습을 지켜보기만 하면 된다.

"아하, 가방 다시 준비해야겠다."

학생들은 이렇게 세계의 기후에 대하여 알아간다.

어버이날 즈음에는 마침 기후 프로젝트 수업도 끝나 가고 있었다.

나는 기후를 모둠별로 나누고 해당 기후에서 주로 생산되는 농산물을 이용하여 감사의 밥상 차리기 수업을 진행해 보았다. 각 지역에서 생산되는 농산물과 요리를 찾고 감사의 밥상을 만들었다. 부모님에게 감사하는 마음을 표현하기 위해 정성을 다하는 모습을 볼 수 있었다. 수업이 끝나고 며칠 후에 학생들에게 물었다.

"어버이날 부모님에게 밥상을 차려드린 학생?"

"저요, 저요."

꽤 많은 학생이 손을 들었다.

"어떤 밥상을 차려 드렸어요?"

"그냥 집에 있는 재료로 차려 드렸어요."

"라면 끓여 드렸어요."

"떡볶이 해 드렸어요."

"선생님보다 훌륭합니다. 선생님은 부모님이 멀리 계셔서 밥상을 차려 드리지 못했는데…."

"다음에 차려 드리세요."

학생들이 오히려 나를 위로해 줬다.

지식 전달만 하면 집중력이 약해지고 지루해지기 쉽다. 재미만 추구하는 수업은 배움에 소홀할 수 있다. 재미있으면서도 배움이 일어나도록 수업을 설계할 필요가 있다. 수업 시간에 배우는 방대한 지식과 생활의 연관성을 찾지 못하면 학생들은 공부에서 어떠한 즐거움도, 배움도 찾지 못한다. 수업 내용이 내 삶에, 생활에 도움이 되면 배

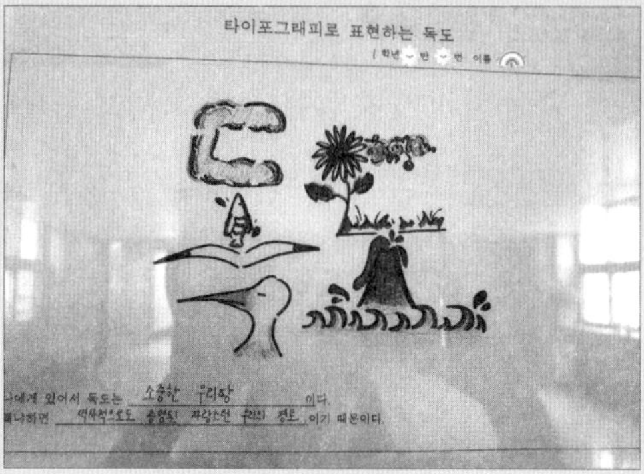

존중받은 학생은 남을 존중할 줄 안다. 칭찬 듣는 일에 익숙한 학생이 남을 칭찬할 줄도 안다. 따뜻한 마음을 가진 어른으로 자라나게 하려면 교사의 마음도 따뜻해야 할 것이다. 오늘도 나는 학생 한 명 한 명을 존중하며 소중히 여기는 연습을 한다. 후회할 일은 만들지 말자는 주문을 매일 되새긴다.

움에 대한 열정은 저절로 꽃을 피울 것이다.

이런 배움은 학생들에게 주변을 살피는 관찰력을 높여주고 따뜻한 마음으로 친구 관계, 교사와 학생 관계, 가족 관계 등 주변 사람들과의 관계도 좋아지게 만든다. 삶과 수업이 연계되는 즐거운 수업은 학생과 교사를 성장하게 해주고 행복하게 만든다.

한 사람 한 사람이 소중한 사회

"태연아, 책 읽어 보세요."

"선생님, 저 태연이가 아니라 태호예요."

"미안해, 태호야. 책 읽어 보세요."

교실에서 종종 이름을 잘못 부르는 실수를 한다. 이름 대신에 번호를 부르기도 했다. 나는 학생 이름을 잘 못 외우는 교사였다. 수업이 일주일에 두 시간밖에 되지 않아서, 가르쳐야 하는 반이 많아서라는 핑계를 대면서 이름을 외우는 일에 노력을 기울이지 않았다.

예전에는 교복에 명찰을 달아서 다행이었으나 요즘은 교복에 명찰이 없다. 복도를 지나다 보면 학생들이 인사해도 이름을 외우지 못한 탓에 건성으로 받는 경우가 있다. 칭찬할 일이 있어도 막상 이름이 떠오르지 않아서 지나치거나 이름을 빼고 칭찬하는 경우에 학생들은 진정성이 없다고 느꼈을 것이다.

전에 만났던 사람이 내 이름을 기억하지 못하면 여간 서운한 것이 아니다. 하물며 이름을 불러주지 않는 교실에서 존중받는 기분이 들지 않았을 것이다. 수업이 행복할 수 없다. 그 시절에 만났던 학생들에게 머리 숙여 정말 미안하다고 말하고 싶다.

혁신학교에서 근무하는 동안 학교 구성원 모두 중요하지만, 학생이 가장 소중한 존재라는 사실을 깨달았다. 무심코 사용하는 언어, 몸짓, 태도 하나하나가 학생들에게 긍정 혹은 부정의 영향을 끼치고 있다는 것을 알게 되었다. 나에게 있어 가장 존중을 받아야 하는 대상은 이제 학생이 되었다. 한 명 한 명 모두 편견 없이 존중받아야 하는 소중한 존재들이다.

존중받는 학생은 즐겁게 수업에 참여할 수 있다. 즐겁고 행복한 수업을 위해 내가 노력하고 실천하는 것이 몇 가지 있다. 지금까지 잘 외우지 못했던 이름 불러주기, 학생에게 존댓말 쓰기, 학생 말을 건성으로 듣지 않기, 계속된 질문에도 짜증 내지 않기, 마지막으로 자주 칭찬해주기이다. 때로 내가 실수할 때도 있지만 그런 경우 학생에게 사과하기를 주저하지 않는다. 이런 노력은 나를 교사로서 성장하게 만들며 교사로서의 보람도 느끼게 한다.

학기 초가 되면 나는 학생 사진첩과 이름을 나란히 놓고 열심히 외운다. 교실, 복도 어디서든 이름을 자주 부른다. 화가 잔뜩 나 있던 학생도 자신의 이름이 불리면 멈칫한다. 이름을 부를 때는 최대한 부드러운 음성으로 부른다. 감정이 격해진 아이의 이름을 큰 소리로 부르면 "왜요?"하고 짜증 섞인 대꾸를 하지만 부드러운 음성은 신기하게도 학생들의 마음을 선하게 만드는 마력이 있다. 복도에서 머리를 자른 학생을 만나면 이런 인사말을 한다.

"연수야! 예쁘게 머리를 잘랐구나, 단발머리가 잘 어울려요."

"선생님은 모든 학생 이름을 외우세요?"

"글쎄, 모두 외우려고 노력은 해요."

"선생님도 오늘 예쁘세요."

"고마워요."

이런 대화를 스스럼없이 주고받게 되었다. 학생의 이름을 몰랐다면 대화의 시도조차 하지 못했을 것이다. 이제 교실에서 번호를 부르는 일은 없다. 언제나 학생들에게 존댓말을 쓰려고 노력한다. 물론 스스럼없는 관계에서 교사가 친근하게 반말을 사용하기도 하지만 나는 되도록 존댓말을 쓴다. 교사와 학생이 동등한 관계에서 인격적으로 존중하는 관계를 맺어야 하기 때문이다.

존댓말을 쓰다 보면 서로 예의를 지킬 수 있으니 좋다. 학생은 교사에게 예의를 지켜야 하지만 교사도 학생에게 지켜야 하는 예의가 있다. 가끔 학생에게 실례가 되는 행동을 해놓고 그것이 잘못된 것이라고 미처 깨닫지 못하는 경우가 있다.

예전에는 나도 모르게 큰소리를 내거나 화를 내기도 했다. 학생들이 잘못했으니 그럴 수밖에 없었다고 위안 삼았다. 시간이 지난 후에도 마음이 편치 않을 뿐더러 학생을 대할 때 어색해지므로 거리감이 생기는 수밖에 없었다. 존댓말을 사용한 후로 나는 큰소리를 내는 일도 화를 참지 못하는 경우도 거의 없게 되었다. 항상 학생에게 예의를 지키기 위해 노력하고 어쩌다 화를 내면 곧장 학생들에게 사과한다.

언젠가 수업 시간에 한 학생이 질문을 던졌다.

"교과서 몇 페이지예요? 어디다 써요? 무슨 뜻이에요?"

열심히 수업에 참여하다가 궁금한 내용을 질문하는 게 아니라 딴 생각하다가 놓친 것이었다. 같은 반 친구들이 대신 가르쳐줄 때도 있지만 나 역시 되도록 친절하게 대답하려고 노력한다. 나중에는 질문했던 학생이 머리를 긁적이면서 "선생님 죄송해요. 수업에 열심히 참여할게요."라고 한다. 그럴 때면 저절로 미소를 짓게 된다.

학생들은 일일이 잘못을 지적하지 않아도 옳고 그름을 판단할 수 있다. 예전의 나는 성격이 급한 탓에 학생의 잘못된 행동은 반드시 지적하고 넘어가야만 했다. 잘못을 눈감아주는 것은 교사의 태만이라고 생각했다. 무엇보다 학생을 믿지 못했다. 그러나 이제는 기다릴 줄 알게 되었다. 기다린 만큼 학생도 교사도 웃게 된다.

한 학급 당 학생 수가 조금만 줄어도 한 명 한 명에게 더욱 정성을 쏟을 수 있을 텐데, 일일이 피드백을 해주지 못하는 이유가 학생 수가 너무 많기 때문이라고 느낄 때가 있었다. 따라서 피드백을 생략한 채 '잘했어요.'라는 성의 없는 말로 대충 마무리했다. 마음에서 우러나지 않는 칭찬은 차라리 하지 않는 게 좋았을지도 모르겠다. 이러한 피드백은 학생에게 아무런 감동도 가져다주지 못했을 테니 말이다.

여가 생활을 위해 취미로 그림을 배우기 시작했다. 매주 내가 그린 그림을 선생님에게 보내면 장문의 답장을 보내주셨다. 어느 부분은 잘 표현이 되었고 어느 부분은 어떻게 고쳤으면 좋은지, 그리고 그림을 그리느라 고생했다는 응원의 메시지도 함께 말이다. 어른인 나도 이러한 정성스러운 답장을 받을 때면 기분이 좋아지고, 그림에 더 정성을 쏟아야겠다는 다짐을 하게 된다. 선생님이 주신 피드백 내용대로 그림을 수정하는 과정을 거치면서 그림 실력도 늘었다.

교사로서 나는 깊이 반성했다. 학생들에게 이렇게 정성을 다해 피드백해 준 적이 있는가? 아무리 생각해도 떠오르지 않았다. 한 명 한 명 개성을 지녔고 학습 속도가 다르며 받아들이는 것에 차이가 있는 학생들에게 그에 맞는 칭찬과 피드백을 해주는 일에 인색했던 나였다. '잘했어'라는 정도의 칭찬을 해주는 것에 만족했다. 들어서 기분 좋은 칭찬을, 학생 마음에 오래도록 남을 이야기를 해주지 못했다.

그 후로 나는 개개인에게 맞는 칭찬과 피드백을 하기 시작했다. 물론 쉽지 않다. 많은 시간과 노력이 필요한 일이기 때문이다. '나'를 표현하는 마인드맵을 발표하는 수업 시간이면 학생들에게 자주 질문하려고 한다.

"네 성격과 취미를 잘 표현했구나. 피아노를 이렇게 잘 치는 줄은 몰랐네. 피아노를 계속 배우고 있어요?"

"예, 계속 배워서 예고에 진학하려고 해요."

"예고 진학을 응원할게! 피아노 연주 한 번 들어보고 싶은데?"

이렇게 질문이 오가다 보면 학생들은 더욱 신나서 많은 이야기를 들려준다. 어느새 교사인 나도, 학급 친구들도 발표가 끝난 학생의 꿈을 응원하게 된다. 학급신문을 만들 때도 작성한 기사를 발표하면 그 내용에 관해 세심한 칭찬을 해준다.

"알기 쉽고 전달력 있는 문장으로 기자의 생각을 참 잘 썼어요, 발표할 때 들어보니 목소리가 아나운서 같아요. 자꾸 듣고 싶은 목소리예요."

사실 나는 표현력이 뛰어난 교사는 아니다. 그래도 정성을 다해 칭찬하려고 노력한다. 학생들도 이러한 나의 정성을 아는지 칭찬을 듣고 나면 얼굴에 웃음꽃이 피어난다. 너도나도 자신이 쓴 기사를 발표하겠다고 손을 든다. 물론 칭찬의 말을 하는 나는 기분이 더욱 좋다.

칭찬하기 위해서는 학생의 말에 귀를 기울여야 한다. 한순간이라도 집중하지 못하면 무슨 말을 해줘야 할지 모르기 때문이다. 학생이 하는 모든 말을 듣고 그냥 넘기지 않는다. 한 명이라도 자신이 무시를 당했다고 느끼는 학생이 교실에 있으면 안 되기 때문이다.

어쩌다 제대로 듣지 못했을 때는 학생에게 미안하다는 말과 함께 "다시 한번 말해 볼래요?"라고 요청한다. 교실 안에서는 누구나 존중받으며 웃음이 넘쳐나고 행복하기를 바라기 때문이다. '나'의 말 한마디에 영향을 받을지도 모르는 학생들이 상처받지 않고 건강하게 성장할 수 있도록 하려면 언제나 존중하는 태도를 잊지 않아야 하고 긍정의 영향을 주려면 긍정의 언어를 사용해야 한다.

존중받은 학생은 남을 존중할 줄 안다. 칭찬 듣는 일에 익숙한 학생이 남을 칭찬할 줄도 안다. 따뜻한 마음을 가진 어른으로 자라나게 하려면 교사의 마음도 따뜻해야 할 것이다. 오늘도 나는 학생 한 명 한 명을 존중하며 소중히 여기는 연습을 한다. 후회할 일은 만들지 말자는 주문을 매일 되새긴다.

"부끄럽지 않은 교사가 되자."

"언제나 존중의 자세로 학생을 대하자."

표현이 자유로운 사회

우리 학교는 책상을 ㄷ자 형태로 배열한다. 처음 교실에 들어가서 ㄷ자로 배열된 책상을 마주했을 때는 몹시 어색했다. 지금까지는 칠판을 향해 일자형으로 배열된 책상에 앉은 학생들의 두 눈이 오로지 교사를 바라보고 있었는데, ㄷ자 배열에서는 학생끼리 서로의 얼굴을 마주 보는 형태였다. 그러다 보니 잠시도 조용해질 틈이 없이 시끌시끌한 것이 집중은커녕 수업을 진행하기조차 힘들었다.

나만 이렇게 느끼는 게 아니었다. 다른 선생님들도 이러한 책상 배열 탓인지 교실이 더욱 소란스러워져서 수업하기가 쉽지 않다는 말씀들을 많이 하셨다. 이는 수업의 형식은 바뀌지 않은 상태에서 책상의 배열만 바뀌었기 때문이었다. 이것은 모두에게 혼란을 가져다주었다. 어떤 선생님은 수업 방식에 변화를 꾀한 후에 책상 배열을 그에 맞도록 바꾸는 게 좋겠다는 의견을 내기도 했지만, 시간이 지나고 보니 책상의 배열부터 바꾼 건 결과적으로 잘한 일이었다.

책상의 배열이 달라졌는데도 학생들을 대상으로 종전의 방식대로 수업한다는 것이 어쩐지 미안해서, 혹은 불편해서 이대로는 안 되겠다는 마음에 수업을 고민하기 시작했다. 그것이 변화를 가져왔다.

학생들의 시선을 오롯이 받는 과거의 교실에서는 한 시간 내내 칠판 가득히 판서하고 열강하면서 '오늘 수업은 좋았어!'라는 자기만족에 빠져 있었다.

학생들이 한눈을 판다는 것은 용납할 수 없었고, 한 시간 내내 똑바로 앉은 자세로 교사의 말에 집중해야 한다고 생각했다. 판서한 내용과 똑같이 필기를 시키고, 조용한 교실에 내 목소리 말고 다른 소리가 들리는 것을 허락하지 않았다. 육체적인 에너지도 소모되지만, 정신적인 피곤함이 쌓이면서 교사라는 직업에 대한 회의가 찾아왔다.

교사가 된 딸이 마냥 자랑거리였던 시절에 첫 발령을 받은 나는 학교가 너무 좋았다. 학교에 출근하지 않는 일요일이 싫었다. 무엇이든 최선을 다하던 열정이 넘치는 교사였다. 그러나 열정만 넘쳤을 뿐 학생중심수업이 무엇인지도 모른 채 그저 학교에 다닐 때 내가 배웠던 방식을 그대로 답습하고 있었던 것이다.

ㄷ자 형태의 책상 배열은 그런 내게 고민을 안겨주었다. ㄷ자 형태의 교실에서 교사 혼자 이야기하는 강의식 수업은 나도 학생도 불편했다. 교사는 학생들을 통제할 수 없어서, 학생들은 교사를 보기 위해 고개를 돌려야 하기에 불편한 자세를 취해야 했다. 심지어 책상을 원래 형태로 돌리자는 의견이 나오기도 했다.

이런 불편사항을 해결하기 위해 나는 칠판 앞이 아닌 학생들 가운데로 자리를 옮겼다. 학생들은 선생님이 가까이 다가오니 편해졌다면서 환영했다. 고개를 돌리지 않아도 되니 편하고 친구의 뒤통수만 보거나 선생님 얼굴만 멀뚱멀뚱 보다가 ㄷ자 배열을 하니 친구 얼굴도 잘 보여서 좋다고 했다.

이제부터 내가 할 일은 수업을 변화시키는 일이었다. 교실에서 많은 말을 하지 않는다. 내 목소리만 들리던 교실보다 학생들의 자유로운 표현이 오가는 교실을 만들기 위한 노력이다. 매 첫 수업마다 경청의 중요성을 이야기한다. 그리고 수업 시간에 배웠으면 하는 내용과 수업 시간에 바라는 것, 수업 시간의 약속에 대하여 돌아가면서 이야기하는 시간을 갖는다.

앞으로 우리 수업이 이렇게 이야기를 나누는 시간으로 채워질 거라는 암시이기도 하다. 수업에 관한 이야기를 나눈 후에는 학생 각자 자기소개를 하면서 학생들과 라포(rapport:상호신뢰관계를 말하는 철학 용어)를 형성해 나간다. 이야기하기 쑥스러운 학생이 있다면 강요하지 않는다. 패스할 권한도 있다. 이야기하고 말고는 각자의 자유다. 막상 이야기를 시작하면 잘하는데도 선뜻 나서는 것이 습관이 되지 않아선지 계속 미루기만 하는 경우가 많았다. 나는 학생들과 앉은 자리에서 돌아가며 이야기하기로 약속했다. ㄷ자 형태로 앉아 서로 얼굴을 보고 있기에 가능한 것이다.

수업 시간에 모둠 활동, 개별 활동을 하다 생긴 궁금증은 언제나 질문할 수 있다. 친구에게 물어볼 수도 있고 교사인 나에게 직접 물어볼 수도 있다. 그러다 보니 수업 시간에도 교실은 자유분방한 분위기이다. 산만하다는 이유로, 교실에서는 제자리에 앉아 있어야 한다는 이유로 학생들을 막지 않는다. 그렇다고 해서 무질서한 교실을 허용하는 것은 아니다.

학생들이 지켜줬으면 하는 내용을 학기 초에 미리 약속으로 정한다. 학생들이 자율적으로 정하지만 대부분 같은 내용이다. 표현이 다를 수 있지만, 키워드는 존중과 배려다. 학생들도 생활하면서 존중과 배려가 중요함을 알고 있다. 이렇게 약속을 정했기 때문에 "하지 마세요."라는 부정의 단어를 사용할 일은 많지 않다. 간혹 다른 길로 새는 학생을 보면 질문을 통해 바로 잡아주곤 한다. 자유롭게 주변을 살펴가면서 활동하므로 혼자 할 때보다 좋은 결과물을 내놓는다.

수업 시간에 문제 풀이라도 하면 먼저 완성한 학생이 내가 말하지 않아도 친구들을 살피며 이해가 더딘 친구가 있으면 설명을 해준다. 둘이서 머리를 맞대고 열심히 설명하고 듣는다.

"선생님! 친구가 설명을 해줘서 이해했어요."

나는 두 학생 모두 칭찬해 준다. 활동하는 시간에는 다른 친구는 어떻게 하고 있는지 궁금하다며 열심히 책상 사이를 휘젓고 다니는 학생도 있다. "이건 뭐야?" 친구들에게 질문 공세도 펼친다. 그러고는 자기 자리로 돌아와 부족한 부분을 보충하거나 수정하면서 적극적으로 수업에 참여한다. 교사의 열정적인 설명보다는 친구들과 질문을 주고받는 과정에서 더 활발한 배움이 일어나고 있다.

나의 학창 시절은 자기 목소리를 낼 기회가 많지 않았다. 자기의 의견을 말하면 버릇없다는 이야기를 들었고, 교사나 부모님 말씀에 무조건 '예'라고 대답해야 모범생으로 불렸다. 이렇게 성장하다 보니 이렇게 말하면 다른 사람이 어떻게 생각할까? 그것부터 신경 쓰게 되었다.

그래서 나는 수업 시간에 발표할 기회를 자주 만든다. 서툴러도 귀 기울여 들어주고 기다려 준다. 발표를 부담스러워하던 아이들이나 "또 해요?"라고 되묻던 아이들도 발표를 자주 하다 보니 이제는 자기 목소리를 내는 일에 자연스러워졌다. "저는 못하겠어요." 이렇게 말하는 학생이 이제는 거의 없다. 작은 목소리로 말하던 학생은 이제 목청이 커졌다. 처음 만났을 때는 고개도 들지 않던 소심한 학생도 이제는 당당히 자기 목소리를 낼 줄 안다. 발표하는 일에 겁먹지 않고 자유롭게 의사 표현하는 것을 수업을 통해 배워 간다.

요즘은 모둠 활동에서 발표자를 정할 때 서로 발표하겠다고 아우성을 치기 때문에 가위바위보로 정할 만큼 적극적으로 변했다. 학생들에게 어느 정도 자신감이 생겼음을 느낄 수 있다. 물론 여전히 나서서 말하는 걸 힘들어하는 학생도 있다. 어느 자리든 개의치 않고 나서서 당당히 의견을 내세우는 일은 교사인 나도 쉽지만은 않다. 그러므로 수업 시간에 더욱 많은 학생에게 자기표현의 기회를 제공해야 한다. 자유롭게 표현할 수 있어야만 즐겁고 행복할 수 있지 않을까.

배움의 시선 4

만 남

사람다운 삶을 꿈꾸는 수업이 있다

역사 수업은 역사적 사실의 단순한 이해와 암기를 넘어서야 한다. 역사 속 인물들은 자신의 꿈을 이루기 위해 치열하게 삶을 살며 역사적인 사건을 일으키고 다양한 문물을 만들었다. 또한 그들은 소수만이 가졌던 세상을 다수가 누릴 수 있도록 자유와 평화, 민주주의, 인권이라는 가치를 꿈꾸며 발전시켰다. 이 과정이 역사다. 교사는 역사 수업을 통해 학생들이 과거 사람들을 만나 삶과 꿈, 가치를 배우며 자신의 삶을 돌아보고 더 나은 세상을 만들어 갈 수 있는 실천의 길을 안내해야 한다.

박찬호

중등 7년 차 역사 교사다. 경기역사교육실천연구회와 전국역사교사모임의 회원으로 활동하고 있다. 건국대 혁신교육전공대학원에 재학 중이며, 4년째 교내 혁신교육 동아리에서 활동하고 있다. 사람과 삶을 만나는 수업을 꿈꾸며 열정 한 스푼을 수업에 담아 내려 하지만, 좌절 두 스푼과 고민 세 스푼이 담긴 실제 수업을 경험하면서 자신의 수업을 성찰하고 더 나은 수업을 만들고자 노력하고 있다.

첫 수업은 둥글게 만나는 서클 활동

"선생님 첫 시간인데, 뭐해요?"

첫 수업 시간, 학생들이 설레는 눈빛을 보내며 말한다. 교사들이 언제나 듣는 질문이기에 설렘과 고민의 마음으로 소중한 첫 만남을 준비한다. '첫'이라는 단어가 주는 두근거림 때문인지 새 학기 시작 하루 전날이면 괜히 밤잠을 못 이루는 교사들도 있다. 개학 첫날, 교무실에서는 교사들끼리 어제 몇 시에 잠들었는지 이야기를 나누곤 한다. 나 역시 잠 못 이루는 교사다.

교사들은 다양하게 첫 시간을 보낸다. 평가 계획과 진도 계획을 설명하고 바로 수업을 진행하는 교사도 있다. 교사와 학생의 자기소개 시간을 갖기도 하고 아이스브레이킹을 통해 어색함을 녹이기도 한다. 이 과목을 공부해야 하는 이유를 함께 알아보거나, 앞으로 진행할 수업 방식에 관해 이야기하는 등 다양한 방식으로 첫 만남을 갖는다.

수업의 첫 시간은 더욱 중요하다. 교사와 학생의 첫 만남이 이뤄지는 역사적인 순간이며, 학생들이 1년 동안 진행될 수업에 대한 기대를 한껏 품는 시간이기도 하다. 그 기대가 충족되느냐 마느냐에 따라 자신들의 한 해를 점쳐 보기도 한다.

나는 학생과 교사, 역사라는 과목이 서로에게 다가가 좋은 관계를 맺을 수 있도록 첫 시간에 교과 오리엔테이션을 진행한다. 수업의 모든 시간을 통틀어 가장 의미 있는 순간이라 생각한다. 오리엔테이션에서 중점을 두는 것은 '허용적 수업 분위기'이다. '개방적이고 자유로운 수업 분위기'라고도 할 수 있다. 누군가의 눈치를 보지 않고 자기 생각을 마음껏 얘기할 수 있는 분위기를 말한다.

혁신학교에서 주로 진행되는 배움중심수업에는 다양한 수업 방식이 있지만, 기본적으로 학급의 구성원들과 대화하며 발표하는 활동이 중심이기에 허용적인 분위기를 만드는 것이 중요하다. 이를 위해 서클 활동을 활용해 소통하는 분위기를 만든다.

"애들아, 서클 만들자."

이 한마디에 학생들은 책상을 뒤로 밀고 각자 의자를 챙겨서 학급 구성원 전체가 동그란 대형을 만든다. 서클 활동이란 학급 구성원들이 교실에 둥글게 앉아 한 명씩 돌아가면서 특정한 주제에 대해 자기 생각을 이야기하는 활동이다. 다른 친구의 말을 경청하고 공감하며 의사소통력을 높인다. 더욱 편한 분위기를 만들기 위해 아이스브레이킹을 진행하면서 친밀한 관계를 형성하게 된다.

서클 활동의 장점은 평등한 분위기를 경험하는 것이다. 둥글게 앉아 모두 한마디씩 한다는 건 구성원 전체가 평등하게 발언할 수 있음을 의미한다. 이런 구조에서는 누군가가 의견을 독점하고 주도하기 힘들며, 구성원 개개인의 다양한 목소리를 들을 수 있다는 장점이 있다. 첫 시간에 이 활동을 하는 이유는 '누구나 역사 수업에서 평등하게 말할 수 있다.'라는 사실을 학생들이 몸소 깨달을 수 있도록 하기 위함이다.

오리엔테이션의 첫 번째 시간, 우선 활동지를 작성한다. 자신이 존경하는 역사 인물, 요즘 자신의 관심사, 좋아하는 노래, 음식, 웹툰, 드라마, 역사를 배우는 이유, 역사 선생님에게 바라는 수업 등을 적고, 이어서 아이스브레이킹을 통해 서로 가까워지는 시간을 갖는다. 두 번째 시간에는 활동지 작성 내용을 돌아가면서 말한다. 좋아하는 것에 대해 신나게 얘기하고, 친구들의 관심사에 대해 공감하며 친밀감을 느낀다.

"역사, 왜 배울까?"

교사의 진지한 질문에 학생들도 덩달아 진지하다. 학생들이 품고 있는 교과에 대한 근본적인 의문, '내가 이걸 왜 배워야 하는가'라는 질문의 답을 함께 찾아가기 위한 물음이다. 학생들은 역사를 배워야 하는 교과적인 이유를 생각보다 잘 알고 있다. "옛사람들이 어떻게 살았는지 알기 위해서요.", "교훈을 얻을 수 있고 똑똑해질 수 있어요.", "민주주의가 중요한 이유를 배울 수 있어요.", "과거 알아야 미래를 대비할 수 있어요.", "중국이랑 일본이 역사를 왜곡하니까요.", "수능 필수고 공무원 시험에 한국사가 나와요." 등등 역사를 배우는 교과적인 이유는 과거 사실에 대한 이해, 교훈의 획득, 문화유산의 전승, 민주시민의 양성, 역사적 사고력 향상, 민족의 정체성 확립 등이다.

이 과정에서 학생들은 자신과 친구들의 생각을 공유하며 역사를 배우는 교과적인 이유를 깨닫는다. 교사는 한 걸음 더 나아가야 한다. 교과를 배우는 이유에 대한 '자신만의 대답'을 갖고 있어야 한다. 이 대답은 수업의 정체성이며, 비전이요, 나아갈 방향을 비추는 등대이다. 이를 '수업 철학'이라 할 수 있다.

이것은 하루아침에 만들어지지 않으며, 교사의 다채로운 경험이 쌓임에 따라 변화되곤 한다. 중요한 것은 이런 수업 철학이 완벽하게 교육적인 내용이거나, 남들이 보기에도 그럴듯해 보일 필요는 없다. 교과를 통해 나와 학생이 무엇을 배우면서 어떻게 성장했으면 하는가에 대한 고민이 담겨 있으면 된다.

나의 수업 철학은 '역사를 통해 과거 사람을 만나 그들의 삶을 배우고, 현재 자신의 삶 속에서 실천하며 성장하는 것'이다. 나는 '역사를 왜 배우는가?'에 대한 질문을 통해 나의 수업 철학을 학생들에게 공유한다.

"선생님은 생각하는 역사를 배우는 이유가 과거 사람과 만나 삶을 배우기 위함입니다. 과거 사람의 삶을 공감하고, 현재 우리의 삶을 고민하면서 더 나은 삶을 위해 배우는 겁니다. 또한 인간다운 삶을 살기 위한 가치인 평화, 민주주의, 인권을 위해 사람들이 노력한 과정을 배우는 것이기도 해요. 우리 수업은 앞으로 그런 것에 초점을 두어 진행될 거예요. 수능 시험 대비, 공무원 시험 대비로 배우는 건 서비스입니다. 하하."

나의 수업 철학을 잘 구현하기 위한 마지막 질문을 던진다.

"역사 선생님에게 바라는 수업은?"

"모둠 활동 많이 하고 싶어요."

"졸지 않는 재미있는 수업해 주세요."

"재미있는 역사 영상 많이 보여주세요."

"저희랑 대화 많이 하면서 친절하게 수업해 주세요."

학생들은 작은 기대를 담아 다양한 대답을 하면서, 학생 자신이 주

수업 철학이 완벽하게 교육적인 내용이거나, 남들이 보기에도 그럴듯해 보일 필요는 없다. 교과를 통해 나와 학생이 무엇을 배우면서 어떻게 성장했으면 하는가에 대한 고민이 담겨 있으면 된다. 나의 수업 철학은 '역사를 통해 과거 사람을 만나 그들의 삶을 배우고, 현재 자신의 삶 속에서 실천하며 성장하는 것'이다.

도적으로 수업을 만들어 가는 존재라고 깨닫는다. 하지만 교사가 이러한 질문을 던지는 이유는 이 말을 하기 위해서다.

"여러분이 원하는 대로 노력해 볼게요. 여러분이 졸지 않도록 재밌는 수업을 준비하겠습니다. 대화도 많이 하고, 유익하고 흥미로운 영상도 최대한 보여줄게요. 물론 100% 여러분을 만족시키기는 힘들겠지만, 선생님부터 노력할 겁니다. 그러니 여러분 역시 제가 바라는 대로 노력해 주세요. 전 여러분이 수업에 적극적으로 참여하길 원해요. 글쓰기도 많이 하고, 발표와 활동도 많이 할 것입니다. 좋은 수업은 선생님 혼자 잘한다고 되는 게 아니고 학생과 함께 만들어 가는 것입니다. 여러분과 함께할 1년을 기대할게요! 올 한해 잘 부탁해요."

몇몇 학생들은 열정 가득한 눈빛을 보내며 끄덕이거나 박수로 응답한다. 좋은 수업을 위해 학생과 교사의 기대가 만나는 순간이며, 앞으로의 수업에 대한 기대로 가득 채우는 시간이다. 학생과 교사가 서로가 원하는 모습으로만 만나긴 힘들다. 다양한 상황과 변수에 의해 수업이 잘되는 경우보다 뜻대로 되지 않는 경우가 더 많다. 하지만 첫 만남에서 서로 둥글게 만나 친밀하게 배움의 이유를 나누며 수업에 대한 기대를 공유한 경험은 뿌리 깊은 나무처럼 어떠한 상황에도 흔들리지 않는다. 좋은 수업이 되도록 바탕을 다지게 해준다.

나는 오늘도 학생들과 교사가 좋은 수업을 함께 만들고자 다짐했던 첫 시간을 떠올리며, 배움을 위해 서로가 좀 더 존중하고 노력하면서 더불어 성장하기를 고대한다.

지식, 보편 가치와 만나야 한다

'학생들이 내 과목을 왜 어려워할까?'

교사라면 누구나 갖는 고민이다. 교사는 열심히 가르치고 학생들도 열심히 배운다. 그런데도 교과를 어려워하며 흥미를 갖지 못하는 학생들을 마주할 때마다 교사는 좌절한다. 나 역시도 마찬가지다. 이는 교사가 된 이후부터 지금까지 혹은 교사로서 살아가는 한 계속될 고민일 것이다. '학생들은 왜 역사를 어려워할까?'라는 물음에 역사 교사로서 몇 가지 결론을 내렸다.

첫째, 역사는 배워야 할 내용이 방대하다.

시간적 범위로는 3백만여 년 전에 등장한 오스트랄로피테쿠스부터 2,000년대 초반까지 가르쳐야 한다. 역사 시대만 살펴본다면 한국사만 하더라도 고조선, 삼국시대, 남북국시대, 고려 시대, 조선 시대, 구한말, 일제강점기, 대한민국까지 배운다. 이러한 시간적 범위와 시대별 인물 및 사건을 공부해야 한다. 여기에 더하여 정치, 경제, 사회적 제도와 오늘날 일상에서 구경조차 하기 힘든 과거의 문화까지 포함된다. 알아야 할 내용이 정말 많다.

둘째, 역사가 다루는 주제와 소재는 노잼, 노관심, 노이해다.

현재가 아닌, 옛날 옛적 사람들이자 나와는 거리가 먼 어른들의 이야기다. 일상에서 접하기 힘든 제도에 관해 다룬다. 청소년들은 오늘날의 제도에도 관심이 없거나 이해가 부족한 상황인데 과거의 제도에 관심을 보이고 이해를 한다는 게 과연 쉬울까? 그야말로 관심을 가질

만한 이야기가 아니다.

셋째, 교과서에 오늘날 쓰이지 않는 이름과 생소한 단어가 많다.

역사 교과서를 펴면 나도 어질어질하다. 풍백, 영고, 순장, 진흥왕, 장수왕, 계백, 남북국시대, 만적, 태종, 골품제도, 평양 천도, 녹읍, 3성 6부, 호족, 시무 28조, 5도 양계, 도병마사, 교정도감, 승정원, 사헌부, 의정부, 탕평책 등 이외에도 낯선 단어들이 압도적으로 많다. 오늘을 살아가는 학생들에게는 그다지 알고 싶지도 않은 단어로만 가득 채워져 있는 것이다.

이렇듯 책장을 펴는 순간 바로 덮어버리고 싶은 마음이 드는 게 역사 교과서이다. 그러니 하나라도 더 가르치려면 역사 교사들은 진땀이 난다. 학생들이 학교에서 온종일 배우는 다른 과목도 마찬가지로 이해하기 힘든 개념과 생소한 단어들이 많을 것이다. 뇌의 과부하가 일어나도 전혀 이상하지 않다. 옛날이야기처럼 재밌게 들으면 될 줄 알았던 역사 수업이 이렇게 골치가 아프다니 역사 과목의 배신이라고 할 수 있다.

초임 교사 시절, 학생들이 과거 사실을 쉽게 이해할 수 있도록 설명하고 잘 암기하도록 가르치면 좋은 교사인 줄 알았다. 나 역시 학창 시절에는 입시를 위해 역사를 공부했으며, 임용시험을 준비하던 수험생 시절에도 합격을 위해 역사 지식을 외웠다.

교사가 된 첫해, 그런 교사를 꿈꾸며 수업을 준비했다. 어려서부터 지금까지 역사라는 한 우물만 파 왔으니 당연히 잘 가르칠 자신이 있었다. 하지만 그 자신감은 학기 초부터 눈 녹듯 사라졌다. 수업이 시작되면 학생들은 20분을 못 버텼다. 눈빛이 점차 흐려지더니 '선생님이 하는 말은 듣기 좋으나 내용이 너무 많아 힘듭니다. 이대로 잠들고 싶습니다.'라는 신호를 보내고 있었다.

그래도 좌절하지 않았다. 더 열심히 교과를 연구하고 가르치면 될 거라는 믿음이 있었다. 요즘 잘 나가는 역사 강사들의 강의 영상을 찾아 흉내도 내보고 그들의 설명을 필사하는 등 노력을 기울였다.

'그래, 학생들이 빠져들 수밖에 없는 수업을 위해 좀 더 노력하자!'

'재밌는 영상을 많이 찾아서 보여주자!'

이런 다짐과 노력으로 수업은 조금씩 나아졌다. 학생들도 점차 수업 내용을 이해하고 암기도 잘하는 듯했다. 그러던 중에 역사를 지식의 이해와 암기라는 틀에 가둔 채 수업해 온 내 고정관념을 바꾸게 된 사건이 일어났다.

조선의 통치제도에 대해 가르치던 날이었다. 과거의 통치기관을 이해시키고자 오늘날의 통치기관을 예시로 들어가며 공통점과 차이점을 비교해 주었다. 각 기관이 하는 일을 학생들이 일상에서 접할 수 있는 학급자치회와 연계하여 설명했다. 비유와 추론, 학생의 실생활과 연계된 수업으로 구성해서인지 학생들 역시 수업의 전반적인 내용을 모두 이해한 것 같았다. 수업이 끝나고 교무실로 향하는 길에 역사교사가 장래 희망인 역사부장, 현수와 이야기를 나누었다.

"오늘 수업 재밌었지? 조선 시대를 떠올리면 왕과 높은 관직의 신하들 마음대로 할 것 같지만 사헌부, 사간원, 홍문관처럼 권력 견제의 역할을 하는 기관도 있다는 게 놀랍지 않았어?"

내 수업에 내가 만족한 듯 의기양양하게 학생의 반응을 물었다.

"네, 재밌었어요. 근데 쌤, 사간원, 사헌부, 홍문관이 뭐예요? 의정부는 기억나요."

마치 처음 들어봤다는 표정으로 현수가 답했다.

"음, 진짜 기억 안 나?"

"네. 진짜 안 나요."

현수의 대답은 이보다 더 단호할 수 없었다. '아니, 수업 시간에 현수처럼 집중하는 학생조차도 이 내용이 기억 안 난다니? 그럼 다른 학생들은? 오늘 배운 내용의 핵심이니까 무조건 시험에 나온다고 별표 세 개까지 쳤는데! 이럴 수가.'

나는 망치로 머리를 한 대 맞은 느낌이었다. 그날 수업을 찬찬히 되돌아봤다. 아니, 모든 수업을 되짚어 보았다. 그리곤 깨달았다. 일방적으로 교사에게 전달받은 지식은 결국 모두 기억하기 불가능하다는 것을. 그렇기에 핵심적인 내용을 중점적으로 설명하고 나머지는 다른 무언가로 채워야 한다는 생각에 도달했다.

이러한 고민을 품은 채 학교를 옮겼다. 교사 3년 차에 혁신학교를 만난 것이다. 나는 교육과정 재구성을 통해 학생들이 반드시 배워야 할 내용과 주제를 엄선하여 수업을 진행하였다. 여기에는 배움중심수업이 크게 도움이 되었다. 모둠 활동, 짝 활동 등 협력적 구조를 통해 다양한 활동을 하자 학생들 또한 역사 지식을 쉽게 암기하였고, 실전 문제를 풀면서 성취감을 느끼게 되었다.

그러나 이러한 참여 활동에도 불구하고 역사 지식은 머리에서 지워진다는 사실을 다시 실감했다. 40%를 기억할 수 있느냐, 60%를 기억할 수 있느냐의 문제였다. 학생들은 시험이 끝나면 몇 가지를 빼고는 결국 머릿속에서 자동삭제되었다.

이 경험은 내게 '언젠간 사라질 수도 있는 지식이 아닌, 지워지지 않는 무언가를 남기고 싶다.'라는 화두를 던져 주었다. 그 후 교과연구회에 가입하였고 선생님들의 다양한 수업 이야기를 통해 지식 말고도 어떤 것을 채워야 하는가에 대한 고민의 해결에 이르렀다.

바로 '가치'를 더하는 것이었다. 보통 사람의 이야기와 그들이 함께 만들어 온 '평화, 민주주의, 인권, 정의'를 깨닫게 하는 데 중점을 두기로 하였다. 이런 가치들은 인간이 인간다운 삶을 살 수 있도록 도와주는 필수적인 가치이다. 많은 사람이 고통받는 전쟁보다 일상의 평화를, 소수를 위해 다수가 억압받는 독재보다는 민주주의를, 차별과 불평등이 아닌 인권을, 불의와 부정이 아닌 정의를 부르짖으며 발전한 것이 역사이다.

이러한 가치를 지키기 위해 많은 사람이 피와 땀을 흘린 과정이 역사다. 이렇게 만들어진 가치를 '인간의 보편적인 가치'라 한다. 보편적인 가치는 사건마다 독립적으로 존재하지 않는다. 전쟁 중에는 인권이 존중받지 못하며 민주주의도 지켜지지 않는 경우가 많다. 식민지 시대에는 불합리한 차별의 일상화로 정의가 사라지고, 그로 인해 인권을 침해당한다. 민주주의가 억압받던 독재 정권 시기 지도자들은 독재 유지를 위해 국민에게 무력을 사용하거나, 고문을 자행하는 등 인권과 정의를 바로 세울 수 없었다. 보편적 가치 중 어느 하나라도 훼손되면 나머지도 훼손될 수밖에 없었다.

나는 수업을 통해 학생들이 이러한 보편적 가치를 역사 속에서 찾아 기억하고 앞으로도 지켜나갈 수 있길 바랐다. 신라 삼국통일의 의의를 하나가 된 민족에만 초점을 두어 설명하기보다는 6백 년 동안 전쟁에 시달렸던 사람들이 되찾은 평화의 소중함에 대해 생각해 보도록 가르쳤다.

조선의 통치제도 편에서는 균형과 견제라는 민주주의적 요소를 탐구했다. 일제강점기에 짓밟힌 민주주의와 빼앗긴 자유를 되찾기 위해 3·1운동을 주도한 학생들의 연대를 기억하고자 했다. 부모 형제들에게 총부리를 대지 말라며 어린 나이에도 4·19혁명에 참여한 초등학생들의 모습을 통해 정의라는 가치를 찾아갔다.

지식에 가치를 더하니 역사의 큰 줄기를 발견하게 되었다. 비로소 세계시민으로 거듭나려는 학생들의 모습이 보였다. 이렇게 보통 사람이 만들어 가는 '보편적 가치'를 만나게 해주는 수업을 진행하다 보니 학생들이 기억하지 못할까 봐 전전긍긍하는 암기과목이 아닌, 교사와 학생의 삶을 채워주는 든든한 역사 수업이 되었다.

앞으로도 나는 학생들의 기억에서 언젠가 사라질 수도 있는 지식에 초점을 두는 수업은 하고 싶지 않다. 가슴에 새길 수 있는 가치를 찾아가는 수업, 이런 가치를 통해 사람이 더욱 사람답게 살 수 있는 세상을 만드는 수업, 그것이 나와 학생들이 꿈꾸는 역사 수업이다.

교사가 먼저 현실에서 찾을 수 있는 다양한 역사 문제를 인식해야 한다고 생각한다. 또한 역사의 아픔을 갖고 살아가는 사람들과 공감하고 그들을 도울 방법을 고민하고 행동에 옮기는 것이 중요하다. 교사가 이런 경험을 공유할 수 있어야 학생들도 역사를 공감하고 실천하며 더 나은 미래를 만들어 가지 않을까.

옛사람의 꿈이 나의 꿈과 만날 때

"당신의 꿈은 무엇입니까?"

학생들과 상담하다 보면 자신의 '꿈'이 무엇인지 정하지 못한 경우도 많지만, 진지한 고민조차 해보지 않은 경우도 많다. 학창 시절, 나 역시 이 질문에 바로 답하기가 쉽지 않았다. '꿈은 명사가 아니라 동사여야 한다.'라는 이야기로 화제를 모은『역사의 쓸모』[14] 저자 최태성은 학생들의 꿈이 변호사, 판사, 요리사, 대기업 CEO 등 직업을 뜻하는 명사에만 국한되어 있음을 지적했다.

그는 학생들이 꿈에 관해 이야기할 때, 장차 자신이 갖게 될 직업을 통해 어떤 삶을 살아가고 싶은지 나아가 어떤 세상을 만들고 싶은지를 동사로 표현하고 실천하려는 의지가 매우 중요하다고 말한다. 예를 들면, 변호사가 되어 돈과 뒷배경이 없어 억울한 일을 당한 약자 편에 서서 사회 정의를 구현하고 싶다든가, 요리사가 되어 아무도 맛보지 못한 나만의 요리를 계발하여 많은 사람에게 새로운 맛의 즐거움을 선사하고 싶다든가, 라는 식의 구체적인 표현 말이다.

그는 자신의 책에서 역사 속 인물의 삶을 통해 옛사람들이 꿈꿨던 세상에 관한 이야기를 공감적으로 제시하였고, 독자들에게 삶의 목적과 희망을 생각하도록 했다. 나는 역사교사로서 학생들이 역사를 통해 과거 사람을 만나 삶을 배우고, 자신의 삶에 대해서 고민하면서 스

◆

14 최태성,『역사의 쓸모』, 다산초당, 2019.

스로 행복을 찾아갈 수 있도록 교육하고 싶은 꿈이 있다.

역사의 내용 구성에는 인물과 사건, 제도, 유물, 유적 등이 있다. 우리가 이러한 내용을 공부하는 이유는 그 시대를 치열하게 고민하며 살아간 이들이 이루고자 했던 꿈을 알기 위함이다. 그들이 꿈을 이루기 위해 필사적으로 몸부림쳤던 삶의 모습은 여전히 본받을 점이 있으며, 그들이 고민 끝에 만들어 놓은 꿈의 결과물이 아직도 우리에게 영향을 끼친다. 특히 역사 과목은 미래를 이끌어 갈 청소년들이 역사를 통해 꿈을 키워나갈 수 있도록 신중하게 엄선한 내용이다. 따라서 학생들이 역사 수업을 통해 '꿈'에 대해 생각해볼 수 있게끔 수업을 진행하는 것이 바람직하다.

나는 '어떻게 해야 학생들이 역사를 통해 꿈에 대해 생각해 볼 수 있을까?'라는 명제 아래 다양한 질문을 만들어 수업에 활용해 보았다. 많은 시행착오 끝에 수업에 활용할 수 있는 세 가지 질문으로 유형화시켰다. 간단한 질문이지만 학생마다 각양각색의 대답이 나오는, 열린 질문이다.

- ○○○이 꿈꾼 세상은? [인물]
- ○○○을 일으킨(겪은) 이들이 꿈꾼 세상은? [사건]
- ○○○은 어떤 세상을 꿈꾸며 만든 것일까? [유물, 유적, 제도]

훈민정음은 어떤 세상을 꿈꾸며 만든 것일까? 3·1운동에 참여한 사람들이 꿈꾸던 세상은? 6·25전쟁을 겪은 이들이 꿈꾸던 세상은? 6월 항쟁에 참여한 이한열이 꿈꾸던 세상은? 동기유발을 위해 이런 질문을 활용했다. 이 질문은 교과서 위주로 수업하는 경우에 소단원 위에 제시하거나 교과서 여백에 적어 두는 것도 하나의 방법이다.

또한 학습지나 배움일지를 활용할 때도 이 질문을 활용한다. 그리고 수업의 마무리 부분에서 자신만의 대답을 적게 하면 된다. 학생별로 작성한 대답을 발표하고, 경청을 통해 의사소통 능력도 높이고, 친구들의 생각에 공감할 수 있도록 수업을 설계하는 방식이다.

처음에 기대하기로는 열린 질문인 만큼 열린 대답이 나올 것으로 기대했다. 하지만 수업은 내 뜻대로만 진행되지 않았다. 학생들은 선뜻 대답하기를 힘들어했다. 꿈에 대해서 고민해 본 적도 없고 직업 말고는 꿈 하면 떠오르는 것이 없었다. 너무 무모한 시도를 한 걸까 싶어 걱정도 많이 했다. 반면에 '그러니까 시도라도 해봐야지.'라는 오기가 생겼다.

고심 끝에 과거인과 '대화'의 시도를 통해 역사적 감정이입을 하도록 안내했다. 타임머신을 타고 옛 시대로 돌아가서 과거의 사람을 만난다고 가정해 본다. 수업에서 배운 내용을 토대로 인물들이 처한 상황에 대해 이해한 후 그들의 처지에 공감하며 말을 걸고 그들의 선택에 대해 깊이 생각해 보는 것이다. 물론 이때 과거 사람의 답변은 정해진 것이 없다. 나는 학생들이 생각한 모든 것이 답이 될 수 있음을 강조한다. 그래서 인물 입장으로 대답할 수 있는 질문을 유도한다.

"세종대왕님, 왜 훈민정음을 만들었나요?"

"정약용 선생님, 수원 화성을 만들고 나서 기분이 어땠나요?"

"유관순 누나, 3·1운동에 왜 참여했나요?"

"한열이 형, 6월 민주항쟁에 참여한 이유는 무엇인가요?"

이렇게 대화의 예시를 알려주는 이유는 학생들이 역사 인물들과 만나 대화하는 과정에서 자신의 꿈에 말을 걸게 하기 위함이다. 이 방식으로 과거의 인물과 공감대를 형성하고 대화하면서 역사적 감정이입을 시작한다. 한번은 임진왜란을 공부하는 시간에 의병들이 꿈꾸던 세상에 관해 과거 사람과 대화를 나누도록 하였다.

"의병에 참여한 사람들이 꿈꾸던 세상은?"

"이번에 왜 의병으로 전쟁에 참여했나요?"

"의병으로서 전쟁에 참여한 기분이 어떠했나요?"

이런 질문을 예시로 학생들 스스로 자신만의 질문을 만들어 과거 인물의 감정에 이입하는 시간을 가졌다. 학생들은 저마다 의병들의 꿈을 생각해 보았다. 전쟁이 없는 세상, 사람이 죽지 않는 세상, 내가 사는 마을이 파괴되지 않는 세상, 평범한 일상이 지켜지는 세상, 굶주리지 않는 세상, 지도자가 도망치지 않는 세상을 만들기 위해 의병에 참여했다는 다양한 답이 쏟아져 나왔다. 이러한 답이 어우러진 장문의 대답도 나왔다.

이때 한 학생이 심드렁한 말투로 말했다.

"쌤! 저는 길게 쓰기 싫어서 짧게 적었는데요."

"그래, 자유롭게 네 생각만 적으면 돼."

겉으로 흔쾌히 대답했지만, 수업에 참여하기 귀찮아하는 것 같아서 내심 불쾌한 기분이 들었다. 그 학생은 정말로 '평화'라는 단 두 글자만 적었다. 긴 문장을 쓰기 싫다면서 적어 낸 것이 '평화'였다. 순간 그래, 평화만큼 중요한 게 세상에 어디 있겠는가? 라는 생각이 들면서 학생의 짧은 답변 속에 평화를 꿈꾸는 과거 사람의 마음이 느껴졌다. 사실 역사 수업을 통해 과거 사람의 꿈을 찾아가길 바랐던 나로서는 학생의 대답이 새삼 대견스러웠다.

"과거 사람들의 꿈을 알기 위해서 대화를 시도한 것처럼, 여러분의 꿈은 무엇인지 자신에게 말을 걸었으면 합니다. 옛사람이 꿈꿨던 세상을 떠올리며, 내가 꿈꾸는 세상은 어떤 세상일지 깊이 고민했으면 해요. 그런 세상을 만들기 위해 내가 할 수 있는 일은 무엇인지 생각하고 작은 실천부터 시작하길 바랍니다."

나의 마무리 말에 몇몇 학생들의 눈빛은 꿈에 대한 의지로 반짝거렸다.

과거 사람들이 꿈을 실현하기 위해 노력한 과정과 결과가 쌓여 역사를 이룬다. 역사적 감정이입을 활용하여 과거와 대화하면서 미래의 꿈에 대해 생각해 보게끔 설계한 이 수업은 어떠한 주제와도 연결해서 활용이 가능한 나만의 만능열쇠가 되었다.

나아가 이러한 수업 방식을 보다 세련되게 보완하여 과거인의 꿈과 현재 나의 꿈을 연결 짓고 이를 삶의 실천으로 이행할 수 있는 수업을 꿈꾸게 되었다. 이 거창한 목표에 비하면 현재 나의 수업은 아직 갈 길이 멀다. 하지만 나의 수업을 듣는 학생들이 다른 사람과의 '꿈'의 대화를 통해 공감했던 경험이 장차 학생들이 '꿈꾸는 세상'에 한 발짝 가까이 다가서는 발판이 되리라는 희망에 가슴이 설렌다.

배움, 삶에서 실천할 수 있을까?

어떻게 하면 학생들이 수업에서 배운 내용을 삶에서 실천할 수 있을까? 이는 교사라면 누구나 가지고 있는 교과와 수업에 대한 근본적인 고민일 것이다. 수업에서 배운 지식을 삶 안에서 실천한다는 것은 배움의 완성이라고도 볼 수 있다. 나 역시 '어떻게 해야 학생들이 삶 속에서 역사를 실천할 수 있을까?'에 대하여 끊임없이 고민하고 있다.

역사 교육의 핵심은 다른 사람의 아픔에 공감하고 따뜻한 손길로 상처를 어루만져 줄 수 있는 사람을 키워 내는 일이라고 생각한다. 즉 '공감 능력'을 키우는 것이다. 공감 능력은 현재 진행 중인 4차 산업혁명 시대에 가장 필요한 능력이다.

많은 전문가는 다가올 미래에 인공지능(AI)이 인간의 일자리를 대체하고, 더 나아가서는 인간의 존재 가치를 빼앗아 갈지도 모른다고 경고한다. 따라서 타인의 생각과 감정을 그 사람의 관점에서 느끼고 이해할 줄 알며, 행동으로 실천하는 '공감 능력'을 갖추는 것이 중요하다.[15] 이것은 인공지능이 결코 흉내 낼 수 없는 인간만이 갖춘 고유 능력으로 인간의 존재 이유를 지키는 마지막 보루이다.

우리나라 역사, 특히 근현대사는 아픔이 많다. 일제강점기라는 식민지 시기를 겪고 민족이 분단되었다. 서로 총부리를 들이대며 전쟁을 겪었고 이후로는 독재를 맞이하였다. 그 과정에서 평화로운 일상

◆

15 이지성, 『에이트』 129쪽, 차이정원, 2019.

은 보장받지 못하였으며, 민주주의는 지켜지지 못한 채 인권의 침해를 받았다. 정의보다는 불의가 세상을 지배하는 사회였다. 많은 이들의 희생과 아픔이 있었다.

식민지 시기에 끔찍한 일을 경험한 일본군 위안부 성노예, 강제 징용과 징병을 겪은 이들, 나라의 분단을 막고자 하다가 빨갱이로 몰려 학살당한 이들이 있다. 6·25전쟁으로 인해 마음과 육체의 상처를 겪은 이들, 군사 독재 정권에 고문을 당하고 투옥을 당한 이들도 있다. 또한 민주주의를 요구한다는 이유로 무차별 폭력과 학살을 겪은 사람들이 있다.

이 역사를 함께 겪거나 지켜본 가족과 후손, 친구들, 이웃들까지 우리의 역사는 공유된 아픔이 존재한다. 이 아픔은 현재 진행형이나 진실과 화해의 길로 걸음을 내디디고 있다. 물론 우리나라의 성장은 이런 아픔을 딛고 일어선 결과이다. 식민지를 벗어나 독립을 이루었고 전쟁의 피해를 빠르게 극복해 나갔다. 전 국민이 '잘살아 보세.'라는 구호를 외치며 가난에서 벗어나기 위해 많은 희생을 감내하여 노력한 결과, 세계 경제 10위권이라는 초강대국이 되었다.

민주주의에 대한 희망을 품은 많은 이들의 피와 땀 덕분에 독재를 종식했고, 얼마 전 시민들이 손에 든 작은 '촛불 하나'만으로 세상을 평화롭게 바꾸며 국제사회로부터 '민주주의를 완성한 국가'라는 찬사를 듣기도 했다. 탄탄한 경제와 선진적인 민주주의를 기반으로 문화강국이 되었다.

이러한 자랑스러운 우리의 역사를 가르치는 것도 역사교사의 역할이다. 하지만 아픈 역사가 다시는 반복되지 않도록 하는 것이 더욱 중요하다. 한순간의 실수로 인해 그동안 쌓아올린 것들이 무너져 많은 이들이 상처받는 역사가 되풀이될 수 있기 때문이다.

이런 일이 다시 일어나지 않도록 하는 출발점이 바로 '공감'이다. 우리 역사에 남아있는 공유된 아픔에 대해 학생들이 공감하고, 이를 통해 더 나은 세상을 만들었으면 한다. 이런 생각 속에 나는 역사를 실천한다는 것은 공감의 실천이라는 결론을 내렸다.

우리 일상의 관심을 역사에 두고 공감하는 것이 중요하다. 역사 관련 TV 프로그램을 자주 시청하고 최근 개봉한 역사 영화도 보러 가고 대중 역사책을 읽어 보는 것부터 시작하면 된다. 역사와 관련한 뉴스를 잘 챙겨 보는 것도 하나의 방법일 수 있다. 또한 역사 관련 유물과 유적지를 방문하여 직접 관람하고 체험해 보며 문화재의 가치와 아름다움에 대해 공감하는 것도 중요하다. 그러한 경험을 사진과 글로 남겨 SNS 등에 공유하여 더 많은 이들이 찾도록 하는 것, 이 정도면 충분한 공감의 실천이라 생각한다.

그러던 중 나 또한 '역사를 삶 속에서 공감적으로 실천하는 일'의 의미를 확장하는 경험을 하게 되었다. 일제강점기를 다루는 교과에서 학생들과 위안부 성노예 및 강제 징용 피해자분들에 관한 수업을 한 적이 있었다. 이분들이 얼마나 힘든 삶을 사셨는지, 현재 어떻게 살고 계시는지 다양한 영화, 다큐멘터리, 뉴스 등을 통해 그들의 아픔을 공감하는 시간을 갖게 되었다. 몇몇 학생들은 눈물을 몰래 훔치기도 하였고 어떤 학생은 펑펑 울기도 하였다.

과거의 잘못에 대해 사과하지 않는 일본 정부의 태도와 억지 주장에 대하여 문제점을 지적하고 글쓰기를 끝으로 발표하는 형식의 수업을 마무리하려던 중이었다. 이만하면 학생들도 위안부 및 강제 징용 피해자 문제에 대해 공감하고 인식하는 듯 보였다.

비판적 사고력을 키우는 활동도 해보았으니 나름 알찬 수업이었다고 내심 뿌듯한 기분이 드는 순간이었다. 수업이 끝날 즈음, 역사 수업에 가장 열심히 참여하는 민식이가 손을 들었다.

“선생님, 그럼 수요집회 가 보셨어요?”

민식이의 눈빛은 기대로 가득 차 있었다.

“아니? 안 가 봤는데.”

당황한 나의 얼굴이 빠르게 붉어졌다.

“선생님도 당연히 가 보셨으리라 생각했어요! 저는 여름방학 때도 친구들이랑 갔다 왔어요.”

나의 대답에 실망했는지 민식이는 맥빠진 목소리로 말했다. 나는 부끄러움에 고개를 돌렸다. 언젠가는 가 봐야지 생각만 하고 바쁘다는 핑계로 한 번도 참여해보지 않았던 집회였기 때문이다.

수요집회는 1992년부터 시작되었고, 매주 수요일 정오에 일본대사관 앞에서 일본군 위안부 성노예 피해자분들을 위해 진행되는 집회이다. 이 집회는 일본의 반성과 사과를 촉구하며 다시는 그런 일이 반복되지 않도록 평화와 인권을 많은 사람이 함께 외치는 뜻깊은 시간이다. 위안부 성노예 피해자 할머님들과 함께 이곳에서 직접 학생들이 집회를 참여할 수도 있다. 자신들이 쓴 편지를 전달하기도 하고,

위안부 성노예 문제에 대한 여러 사람의 생각을 공유하며 연대와 공감의 경험을 쌓을 수도 있다.

나는 '아니, 어떻게 역사교사가 수요집회에 한 번 가 보지도 않고 위안부 피해자에 대한 공감이니, 일본에 대한 비판이니 운운하는 수업을 했단 말인가?'라는 생각이 들어서 나 자신이 부끄러워졌다. 심지어 민식이는 이미 여러 차례 그곳에 다녀왔다고 한다. 학생도 다녀온 집회를 역사 교사가 참여해 본 적이 없다는 자괴감에 반성을 하게 되었다. 역사를 삶에서 실천한다는 것은 지금 당장 직면한 역사의 현실 문제에 대해 다른 사람과 연대 속에서 공감하고 참여하는 것임을 깨달았다.

학기가 끝나자마자 바로 수요집회에 참여하였다. 평화롭게 진행되는 집회는 아픔을 공감하고 희망을 꿈꾸는 열정과 감동의 시간이었다. 평화와 인권의 중요성을 몸소 체험할 수 있는 살아있는 교육의 장이었다. 더욱 놀랐던 것은 중·고등학생들과 다른 학교의 선생님들이 정말 많이 참여했다는 사실이었다. 그 집회에 다녀오고 나서 깊은 반성과 함께 '내가 전달했던 지식은 죽은 지식이었구나'라는 생각을 하게 되었다.

그 후로 나는 위안부 피해자분들을 위해 실제로 어떤 일을 할 수 있을지 여러 가지 방법을 찾아보았다. 그분들을 위해서 기부를 하고 수익금이 위안부 피해자분들을 위해 쓰이는 물건도 자주 구매하였다. 여러 포털 사이트에서 '좋아요'를 누르거나 댓글을 달면 공짜로 기부를 해주는 프로젝트도 진행한다. 이를 활용하여 위안부 피해자들뿐 아니라 독립운동가 후손들을 위한 기부도 하게 되었다. SNS에 할머님들에 관한 뉴스나 다른 전문가들의 글도 적극적으로 공유하였다.

위안부 관련 수업을 할 때면 이러한 경험을 학생들에게 이야기해준다. 수요집회의 현장 영상을 보여주고 생생한 후기를 들려주면서 우리가 그분들을 위해서 실천할 수 있는 것이 무엇인지 찾아보았다. 몇몇 학생들은 실제로 수요집회에 다녀오기도 하고 기부도 하며, 친구들에게 자신이 산 물건을 소개하고 인증샷을 올리기도 하였다.

어떤 학생은 나에게 위안부 소녀상 제작을 촉구하는 인터넷 서명 링크를 보내주기도 했다. 역사 속 여러 사건의 피해자들을 위해 배지를 제작하고 수익금을 기부하는 사이트를 다른 친구들과 공유하는 학생도 있었다.

많은 학생이 가장 기억에 남는 수업을 꼽으라 하면 위안부 성노예 수업을 이야기한다. 역사의 아픔은 과거뿐 아니라 현재 진행 중이라는 사실과 그 문제를 해결하기 위해 자신들이 일상에서 실천하고 도울 수 있는 일이 있다는 것이 놀라웠다고 한다. 역사를 삶 속에서 실천한다는 것이 무엇인지를 몸소 깨닫게 된 덕분이라고 학생들은 덧붙였다.

우선 교사가 먼저 현실에서 찾을 수 있는 다양한 역사 문제를 인식해야 한다고 생각한다. 또한 역사의 아픔을 갖고 살아가는 사람들과 공감하고 그들을 도울 방법을 고민하고 행동에 옮기는 것이 중요하다. 교사가 이런 경험을 공유할 수 있어야 학생들도 역사를 공감하고 실천하며 더 나은 미래를 만들어 가지 않을까.

"애정과 공감을 우리의 삶 속에서 실현하는 것입니다. 공부는 세계 인식과 인간에 대한 성찰로 끝나는 것이 아닙니다. 삶이 공부이고 공부가 삶이라고 하는 까닭은 그것이 실천이고 변화이기 때문입니다. 공부는 세계를 변화시키고 자기를 변화시키는 것입니다. 공부는 '머리'가 아니라 '가슴'으로 하는 것이며, '가슴에서 끝나는 여행'이 아니라 '가슴에서 발까지의 여행'입니다."[16]

어느 지식인의 말처럼 나의 수업을 통해 학생들이 세계를 변화시키고 자기를 변화시킬 수 있는 공부를 했으면 한다. 내가 가르치는 학생들과 머리로 시작해서 가슴을 거쳐 발까지 떠나는 여행을 함께하기를 소망한다.

◆

16 신영복, 『담론』 20쪽, 돌베개, 2015.

배움의 시선 5

관 계

오늘의 나를 소개하겠습니다

2014년, 예기치 못한 사고로 아이들은 하늘의 별이 되었다. '만약 우리 반 학생들이 배 안에 있었다면? 혹시 나만 살고 아이들을 구하지 못했다면?' 이런 극단적인 상상이 잠 못 들게 하던 4월 이후로 매일 자신에게 되묻는다. '나는 교사 이전에 신뢰할 만한 사람인가?' 여전히 많은 교사가 당시 아이들을 지켜주지 못했다는 마음의 빚을 지니며 사는 듯하다. 이 빚을 하루빨리 청산하고 다시는 아픈 역사가 반복되지 않아야 한다는 간절함으로 지금 나에게 주어진 아이들에게 삶 속에서의 살아있는 역사를 가르치려 한다.

김대은

중등 교사 7년 차이며 도당중학교에서 역사를 가르치고 있다. 혁신학교로 전입하면서 혁신교육 동아리 '무지개' 회원으로 활동 중이다. 나이는 X세대와 MZ세대 사이 즈음이다. 경계에 있다는 건 양쪽 어디에도 발을 붙이지 못한다는 뜻인지도 모르겠다. 과거의 학교문화가 익숙하지만 요즘 유행하는 '젊은 꼰대'라는 말은 죽어도 듣기 싫단다. '학교혁신'이라는 거스를 수 없는 흐름 앞에서 자신을 변화시키기 위해 끊임없이 도전하고 있다.

아이들을 믿는 교사가 된다는 것

혁신학교로 전입을 왔다. 이것저것 요구하는 것이 많았다. 특히 임용고시 2차 시험을 대비할 목적으로 외웠던 '배움중심수업'의 이론이 실제 학교 현장에서 실현되는 걸 보면서 적잖은 부담이 생겼다. 솔직히 고백하건대, 나는 '학생활동'을 그다지 좋아하지 않았다.

학생은 우선 외부에서 지식을 습득해야만 그 이후에 활동을 통해 자발적 '배움'이 가능하다고 믿는 편이었다. 활동이 학생의 수업 주도성을 발휘하게끔 하는 장점을 인정하지만, 학생 내부의 선행지식이 뒷받침되지 않으면 의미가 없다고 여겼기에 수업의 우선순위에서 배제되어 있었다.

혁신학교가 추구하는 방향성과 나의 가치관은 조금 달랐지만, 어쨌든 나에 대한 확신을 가지며 수업을 준비했다. 새로운 학교에서 만난 아이들에게 이전보다 더 좋은 수업을 제공하고픈 마음이었고, 그만큼 열심히 수업했다. 그런데 시간이 지날수록 이전의 경험들과는 다르게 조금씩 벽에 부딪히는 느낌이었고, 나의 확신은 의문으로 변해 갔다. 원격수업을 병행하는 탓도 있었지만, 이 지역 학생들의 특성이 반영된 몇몇 문제가 원인인 듯했다.

그중 가장 힘들었던 건 아이들의 소극적인 태도였다. 교사의 질문에도 시큰둥하게 반응하는 경우가 많았고 이러한 상황이 반복될수록 수업에 대한 성찰보다는 학생을 비난하고 있었다. '혁신학교라면서, 애들은 왜 이렇게 소심한 거야? 통 대답하지 않아!'

어느 순간 이런 불평을 늘어놓는 내 모습에 부끄러웠고, 이대로 포기할 수 없었고 무언가 바꿔야 했다. 마침 무지개 동아리 선생님이 보낸 메시지가 기억났다. 수업 시 참고할 만한 사이트 목록이었다. 그중에 여러 명이 하나의 화면에 접착식 메모지를 붙이듯 글을 쓸 수 있는 웹 애플리케이션이 있었다. 지푸라기라도 잡아보는 심정으로 또는 시간이라도 때울 심산으로 해당 웹을 활용한 학생활동을 준비했다.

마침 한국 근현대사의 한 단원이 끝나는 시기라 배운 내용을 간단히 정리할 수 있으면서 개인의 역사 인식을 확인할 수 있는 확산적인 발문을 던졌다. '내가 만약 고종이었다면, 현재 겪고 있는 국란의 위기를 어떻게 극복할 것인가?' 채팅창에 웹 주소를 보내주고 아이들의 답변을 기다렸다. 사실 큰 기대가 없었다. 개화기에 신문물을 접한 전근대 사람처럼 그저 웹 기능이 새롭고 신기할 따름이었다. 의자에 등을 기댄 채 느긋이 모니터를 바라보았다.

그런데 어느새 나는 자세를 고쳐 앉아 업로드되는 아이들의 대답에 집중하고 있었다. '군사력이 약한 강화도를 보완하고, 외국에 거짓 정보를 흘려 방심할 때 선제공격하겠다.', '청과 일본이 싸우는 과정에 러시아와 손을 잡고 외국 문물을 받아들일 것이다. 물론 러시아에 아주 의존하지 않기 위해 영국과 이중 동맹을 맺겠다.', '부패한 관리를 처단하고 새로운 국가 종교를 창시하여 민중들의 동요를 막아보겠다.' 등등.

놀라웠다. 아이들의 답변이 훌륭하기도 했지만, 은연중 내 안에 자리 잡고 있었던 선입견을 발견했기 때문이다. 먼저 교사의 눈에 비치는 아이들의 겉모습만으로 수업의 성공 여부를 판단하려는 '인상의 오류'를 범하고 있었다. 특정 학년의 성향이 워낙 조용하고 낯을 가렸을 뿐, 아이들의 내부에서는 '배움'이 일어나고 있었는데 나는 쉬이 대답해주지 않는 아이들을 보며 수업에 집중하지 않는다고 단정 지었다. 평가의 기준을 편견에 사로잡히기 쉬운 인상이나 느낌이 아니라 객관적 기준을 세워야 했다.

또 한 가지는 바로 '낮은 기대감'이었다. 교육심리학의 '기대효과 이론'에 따르면 교사의 기대 수준에 따라 학생의 성취 수준이 결정된다. 교사가 학생에게 거는 기대감이 높고 낮음에 따라 학생의 성취 수준 역시 비례한다는 주장이다. 다행스럽게도 '기대효과 이론'이 언제나 들어맞는 건 아니었나 보다. 외부로부터의 지식습득이 우선이라 믿었던 나의 수업에서 아이들은 훌륭하게 활동을 성취해 나갔다.

당시는 깨닫지 못했지만, 서랍장에 묵혀 두었던 아이들의 자료를 읽으며 새롭게 발견한 점도 있다. '수업에 열심히 참여했던 아이', '성품이 온순하지만, 공부에는 그다지 관심이 없던 아이', '매일 떠들고 장난만 치던 아이' 등등 활동지 상단에 적힌 아이들의 이름을 보면서 몇몇 특징들이 머릿속에 떠올랐다.

그런데 자료를 확인하면 확인할수록 점점 당황스러웠다. '정말 내가 알고 있던 그 학생이 맞아?' 기억 속 이미지와 글이 잘 연결되지 않았다. 마냥 명랑했던 아이가 생각보다 진중하고 깊이 있는 글을 쓰기도 했고 반대로 성적은 좋았지만, 활동지는 매우 건성으로 쓴 경우도 많았다.

훌륭한 교사는 아닐지라도 학생을 향한 관심만큼은 다른 누구보다 많이 뒤지지 않는 교사라고 자부해왔다. 하지만 아이들의 글이 어색하게 느껴지는 걸 보니 실제로는 무관심하고 오만한 교사였을지도 모른다. 혁신학교에 부임한 순간부터 내 안에서 뿌리 깊었던 불신과 편견, 그리고 근거 없는 자기 확신이 깨져 갔고, 동시에 아이들 안에 잠재된 끝없는 성장 가능성을 발견하였다. 자신을 내려놓고 조건 없는 긍정과 신뢰로 아이들에게 다가감으로써 아이들을 이끄는 교사가 아닌, 성장을 돕는 교사의 길을 걷게 된 계기였다.

나를 소개합니다, 나의 역사를 소개합니다

우리 학교에서는 신학기 창의적 체험활동 시간을 활용하여 1년간 운영될 다양한 교육과정을 소개했다. 혁신학교에 걸맞게 특별한 프로그램이 많았다. 가장 먼저 눈에 띈 것은 회복적 생활교육의 대표적인 모델인 '서클'을 공식적인 학급자치 시간에 진행한다는 점이었다.

학교의 유휴공간을 활용하여 농사를 지으면서 생태환경교육뿐만 아니라 교사와 학생이 서로 소통하는 '도당 농부 프로젝트', 공식적인 교과교육 과정을 넘어 학생이 교과별 관련 주제를 선정하고 있었다. 1년간 주도적으로 계획·탐구·수행·발표하는 '1인 1주제 탐구' 프로젝트도 있었다.

물론 특별한 프로그램만 있는 것은 아니었다. 일선 학교에서도 일반적인 '자기소개서' 작성 시간도 있었다. 담임교사라면 이 설문지가 얼마나 유용한지 알 것이다. 아직 학생의 특성을 다 파악하지 못한 학기 초에 대략적인 내용을 훑어볼 수 있고 나이스(NEIS:National Education Information System)에 기록하는 몇몇 내용도 여기서 참고한다.

나 역시 학기 초가 되면 항상 자기소개서를 작성한다. 그런데 평범한 자기소개서는 아니다. 나는 이것을 '나의 역사 소개서'라고 부른다. 보통 자기소개서에는 학생의 개인신상정보를 기록한다. 생년월일, 가족관계, 사는 곳, 장래 희망, 친한 친구, 취미, 유의해야 할 건강 상태 등등. 그러나 나는 기억력과 집중력이 나빠서 그런지 몰라도 읽고 돌아서면 내용이 잘 기억나지 않았다. 아이들은 모두 다른 글을 썼지만, 이상하게 똑같이 느껴졌다. 관련 없는 정보가 어지럽게 뒤엉켜 있다는 생각마저 들었다.

현재의 '나'는 한순간에 만들어질 수 없다. 누구나 현재의 내가 완성되기까지는 시간이 필요하다. 여기에서 말하는 시간이란 열차 운행표에 단순하게 나열된 숫자들을 의미하지 않는다. 인간의 개별 경험을 하나로 이어주는 연결고리 같은 것이다. 그래서 삶의 순간은 타인과 유사할 수 있어도 각자의 '삶' 그 자체는 결코 같을 수 없다. 부분이 아닌 '전체'를 알기 위해, 시간을 통해 완성된 아이들의 '역사'를 살펴보는 것은 의미가 있다.

역사 교사라면 모두 알 만한 '나의 연표 만들기' 수업이 떠올랐다. 임용고시를 준비하던 시절, 교과서처럼 읽어야 하는 유명한 역사교육론 서적, 『역사 교육의 내용과 방법』에 수록된 교수 모형이다. '연표 학습'의 장점을 응용한 것인데, 연표는 사건을 연대기적인 흐름 속에서 이해하고 선후 관련성을 파악하는 데 효과적이다. '나의 연표 만들기'는 이러한 장점을 빌려 '나'를 이해하기 위한 목적에서 자주 활용된다. 또한 나에게 중요하고 결정적이었던 사건을 선정하면서 역사적 판단력을 기르고 자신이 속한 사회와의 상호작용까지 파악할 수 있다.

나는 해당 교수 모형을 살짝 변형하여 학기 초 프로그램인 '나의 역사 소개서'에 접목했다. 물론 진행 과정에서 어려운 점이 없지 않았다. 중학교 3학년이라면 살아온 인생이라야 불과 15년 정도이며, 기억하지 못하는 영유아 시기를 제외하면 10여 년도 되지 않는 짧은 기간을 연표로 작성한다는 건 생각처럼 쉬운 일이 아니었다. 그래서 활동을 수월하게 풀어가도록 몇 가지 안내 사항을 제시했다. 내용은 다음과 같다.

첫째, 소개지 맨 위에 자화상을 그리게 하였다.

연표 제작이라 하면 딱딱한 느낌이 들 수 있으므로 우선 친근한 활동으로 여기길 바랐다. 물론 미술 심리치료 자격증을 가지고 있는 것은 딱히 아니었다. 하지만 학생이 자기 얼굴을 그릴 때 어떤 식으로 표현하는지 궁금했다. 표현양식을 통해 아이의 정서적·심리적 상태를 어렴풋하게나마 예측할 수 있으리라는 기대가 있었다. 날카로운 선으로만 그리거나, 만화주인공처럼 화려하게 채색하거나, 어두컴컴한 검은색으로 칠해 놓는 등 학생들의 자화상은 다채로웠다.

둘째, 자신이 역사가가 되었다고 상상하며 연표를 쓰도록 한다.

역사가는 자신의 가치관(역사관)으로 '시대' 또는 시대 안의 특정 '주제'의 의미를 부여하는 사람이다. 자기 연표를 쓰는 과정에서 학생은 역사가 내부에서 일어나는 사고와 똑같은 사고 과정을 경험한다. 학생이 자신의 과거를 역사로 인식하고 기록함으로써 지난 삶의 '의미'를 스스로 규명하는 기회를 얻는다.

이는 교과교육 측면에서도 가치가 있는데, 기존 역사 교과서가 거시적 관점의 역사만 중요시하고 미시사를 외면한다고 비판받는 점을 보완해준다. 당대 유명 정치인이나 학자처럼 잘 알려진 인물이 아닌, 민중 속 개인의 삶도 역사책에 쓰일 수 있을 만큼 중요하다는 걸 잊지 않도록 환기할 수 있다.

셋째, 학적 중심으로 연표를 작성하지 않도록 안내했다.

물론 내가 어떠한 공동체에 속해 있느냐에 따라 자아 형성에 많은 영향을 받는 건 사실이다. 다만 특정 학교 재학생들이 졸업할 시기가 되어서 모두 같은 성향을 드러내는 것이 아니듯, 남들과 같은 시공간을 공유하더라도 결국 나를 완성하는 건 개인의 특별한 경험과 해석이다.

그래서 '○○초등학교 입학', '○○중학교 입학'과 같은 학적이나 스펙 중심으로 접근하는 학생들에게는 교사가 개별적으로 '○○초등학교에 입학해서 겪었던 가장 인상 깊은 일은 무엇이었니?'와 같은 질문을 통해 자신이 겪은 개별 사건과 그것이 자신에게 끼친 영향에 집중할 수 있도록 안내하였다.

넷째, '나의 역사 소개서'에 미래의 자기 모습을 상상하여 작성한다.

사실 '나의 연표 학습'은 과거를 대상으로 한다. 나의 역사 소개서는 역사학습이 아닌, 현재 '나'의 모습을 이해하려는 데 목적이 있다. 특히 역사가 과거에만 머물지 않고 현재와 미래에도 영향을 끼치듯이, 학생의 과거뿐 아니라 미래, 즉 진로학습에도 관심을 두는 것이 마땅하다.

그래서 미래를 고민하는 나의 역사 소개서는 보통 자기소개서에 기록하는 진로 희망 분야를 대체하거나 더욱 구체화하는 역할을 한다. 부연하자면, 직업명 정도만 짐작할 뿐 학생들이 꿈을 갖게 되는 과정이나 계기까지는 알기 어렵다는 점을 보완하는 것이다. 연표를 통해 꿈을 키워 온 과정을 확인한다면 학생을 더욱 공감하고 진로지도 시에도 실질적인 도움을 줄 수 있다.

마지막으로 나의 역사 소개서를 친구들 앞에서 읽고 발표한다.

자기 삶을 연대기적으로 소개하는 방식은 매우 설득력 있다. 예를 들면, 자기 몸의 상처나 성향·성격이 어떠한 특정 사건 때문에 생겨났다는 식의 인과적인 설명이다. 서로에 대한 정보가 부족한 학기 초에 오해의 소지를 줄이고 친구를 배려의 자세로 이해하는 데 도움을 줄 수 있다.

과거의 나와 지금의 나는 매우 다르다. 현재의 단편적인 나를 아는 것보다는 지나온 삶 전체를 시간의 흐름 속에서 살펴보는 것이 필요하다. 나의 역사 소개서 활동은 자기를 되돌아보고 타인을 폭넓게 이해하도록 돕는다. 관계를 형성하는 데 함께 시간을 공유하고 이해하는 것 이외에 더 좋은 방법이 있을까? 나의 역사 소개서는 한 인물의 인생 전체를 함축적으로 확인할 수 있는 매우 효과적인 방법이라 확신한다.

무엇을 가장 좋아하니? 같이 하자!

이번 해, 새롭게 만나게 된 학생들은 대체로 조용한 성향이었다. 별다른 사건·사고 없이 무난한 1년이 될 거라는 기대와 동시에 어떻게 하면 이 아이들을 수업에 적극적으로 참여하도록 독려할 것인가를 고민하게 되었다. 아이들이 쉽사리 마음을 열지 않을까 봐 염려가 되기도 했다.

역사과 특별실에서 수업을 준비하던 날이었다. 넓은 공간이 왠지 휑하다는 느낌이 들었고, 무언가 채우고 싶어졌다. 몸이 찌뿌둥하던 차에 집에 있던 운동기구가 생각났다. 여유가 있을 때 짬짬이 운동할 생각으로 몇 가지를 챙겨 왔다. 어느 날, 쉬는 시간에 학생 두 명이 찾아와 역사 과제에 관해 이야기하던 중 한 친구가 옆에 있는 운동기구에 관심을 보이며 어떻게 하는 건지 물어 왔다. 이후로 아이들과 가볍게 운동도 하면서 교과 이외의 이런저런 이야기도 나누게 되었다.

"선생님, 내일 운동하러 또 와도 돼요?"

아이들은 신이 난 듯 나를 보며 물었다. 설마 싶었지만, 다음 날 문 앞에서 나를 기다리고 있었다. 점심밥을 빨리 먹고 부랴부랴 뛰어온 모양이었다. 그다음 날은 첫날보다 더 많은 아이들이 찾아왔다. 어느새 역사과 특별실은 땀 냄새 풀풀 나는 체육관이 되었고, 나는 의도치

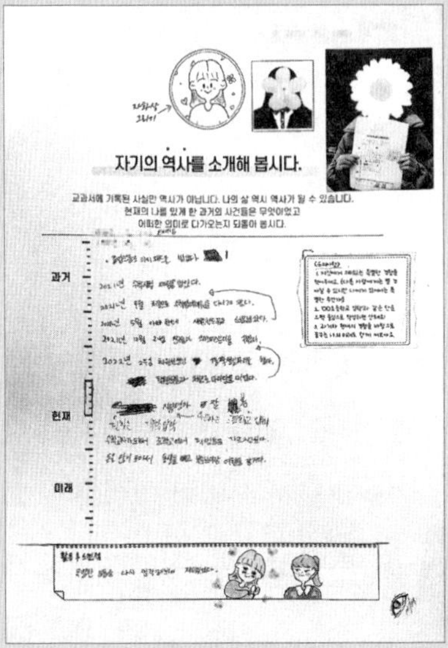

자기의 역사를 소개해 봅시다.

교과서에 기록된 사실만 역사가 아닙니다. 나의 삶 역시 역사가 될 수 있습니다.
현재의 나를 있게 한 과거의 사건들은 무엇이었고
어떠한 의미로 다가오는지 되돌아 봅시다.

과거

현재

미래

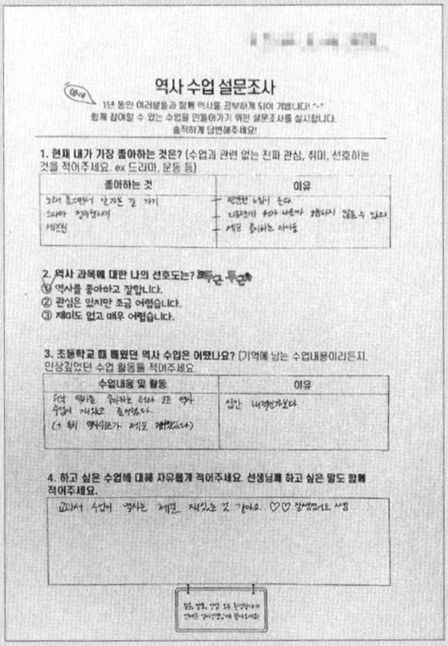

역사 수업 설문조사

1년 동안 여러분들과 함께 역사를 공부하게 되어 기쁩니다! ^-^
함께 참여할 수 있는 수업을 만들어가기 위한 설문조사를 실시합니다.
솔직하게 답변해주세요!

1. 현재 내가 가장 좋아하는 것은? (수업과 관련 없는 진짜 관심, 취미, 선호하는 것을 적어주세요. ex 드라마, 운동 등)

좋아하는 것	이유

2. 역사 과목에 대한 나의 선호도는?
① 역사를 좋아하고 잘합니다.
② 관심은 있지만 조금 어렵습니다.
③ 재미도 없고 매우 어렵습니다.

3. 초등학교 때 배웠던 역사 수업은 어땠나요? (기억에 남는 수업내용이라든지, 인상깊었던 수업 활동을 적어주세요.

수업내용 및 활동	이유

4. 하고 싶은 수업에 대해 자유롭게 적어주세요. 선생님께 하고 싶은 말도 함께 적어주세요.

현재의 '나'는 한순간에 만들어질 수 없다. 누구나 현재의 내가 완성되기까지는 시간이 필요하다. 여기에서 말하는 시간이란 열차 운행표에 단순하게 나열된 숫자들을 의미하지 않는다. 인간의 개별 경험을 하나로 이어주는 연결고리 같은 것이다. 그래서 삶의 순간은 타인과 유사할 수 있어도 각자의 '삶' 그 자체는 결코 같을 수 없다. 부분이 아닌 '전체'를 알기 위해, 시간을 통해 완성된 아이들의 '역사'를 살펴보는 것은 의미가 있다.

않게 역사 선생님이 아니라 도당중학교 헬스클럽 관장님이 되어 있었다. 아이들과 섞여서 운동하며 시간을 보내던 어느 날, 한 친구가 어두운 표정으로 말을 걸었다.

"선생님, 저 요즘 너무 슬퍼요. 제가 다니는 태권도장에 언제부턴가 옆반 여자애가 다니기 시작했는데요."

내가 묻지도 않았는데도 아이들은 먼저 속 이야기를 털어놓았다. 그러자 주변에 있던 아이들도 좋아하는 이성 친구 이야기, 고백했다가 차인 이야기, 집안 이야기 등등 별의별 이야기들을 쏟아놓기 시작했다. 사실 학기 초에 내성적인 아이들과 친해질 방법을 고민했을 때는 별다른 방법이 생각나지 않았었는데, 운동이라는 공통 관심사를 나누는 것만으로도 관계가 단단해졌다. 심지어 아이들은 비밀 이야기까지 털어놓을 만큼 나에 대해 강한 신뢰를 보였으므로 어느새 '깐부' 부럽지 않은 사이가 되었다.

생각해 보면 나는 평소 아이들이 무엇을 좋아하는지, 뭘 하고 싶은지 물어본 적이 많지 않았다. 수업에서도 아이들이 원하는 걸 반영해야 한다는 생각 자체가 부족했다. 아이들과 점차 끈끈해져 가는 관계 형성은 내게 뒤통수를 한 대 맞은 듯한 충격으로 다가왔다. 지금까지의 수업은 살아있는 수업이 아니었고, 아이들의 마음이 담기지 않은 죽은 수업이었다는 생각이 들었다.

그때가 1학기를 시작한 지 얼마 지나지 않은 시기였는데 아직은 늦지 않았다는 마음으로 아이들의 시선을 반영한 수업을 새롭게 재구성할 재료들을 찾기 시작했다. 부랴부랴 설문 조사를 실시했다.

첫 번째 질문은 '현재 자기가 가장 좋아하는 것'이었다.

수업과 관계없이 자신이 진심으로 좋아하는 것을 적어주길 바랐다. 드라마를 좋아하는 친구, 만화 그리기를 좋아하는 친구, BTS를 좋아하는 친구, 농구 자율 동아리에서 운동하기를 좋아하는 친구 등등 관심사는 천차만별이었다.

두 번째 질문은 '지금까지 역사 수업 중 가장 좋았던 것'이었다.

역사 관련 영화를 볼 때가 가장 좋았다는 아이들다운 대답부터 초등학교 때 역사 연극을 해본 적이 있었다는 놀라운 대답까지 있었다. 내가 생각했던 것보다 아이들의 경험은 범위도 넓고 종류도 다양했다. 아이들의 관심사와 실현 가능한 실제 수업과의 괴리를 확인한 후로 나의 고민은 깊어졌다.

아이들의 흥미 못지않게 중요한 것이 있었는데, 그것은 바로 '교사가 하고 싶은 수업'이었다. 나는 교사가 행복해야 아이들도 행복하다는 신념을 가지고 있다. 본인의 수업이 즐겁지 않은데 아이들이 재밌길 바라는 것도 모순이다. 그래서 내가 평소에 무엇을 좋아하는지, 수업에 연계시켜 볼 만한 게 무엇인지 생각했다.

여러 고민 끝에 조금은 뻔할 수도 있으나 누구나 쉽게 접근할 수 있는 '음악'이란 주제를 선정하였다. 교사인 나도 어릴 적에는 성악 전공을 고려해 볼 정도로 관심이 많았고 수업과 연계할 수 있는 역사 관련 뮤지컬이나 노래도 다양했다.

그중에서 안중근 의사의 일대기를 다룬 뮤지컬 '영웅'이 생각났다. '그래, 바로 이거야!' 학생들의 선호도 조사 때도 음악을 좋아하는 아이들이 꽤 많았으니 이를 수업에 활용하는 것이 가장 적절해 보였다. 마침 3학년들은 교과 과정상 일제강점기를 배우는 시기였으므로 타이밍도 시의적절했다. 특히 안중근이 일본 법정에 서서 자기를 변론하는 장면에서 부르는 '누가 죄인인가?'라는 노래의 가사는 실제 역사를 바탕으로 만들어진 것이기에 역사적 지식과 이해라는 측면에서 매우 유용하였다.

"우선, 이토를 살해한 것을 하느님의 이름으로 사죄드리오. 하지만 대한제국 의병군 참모 중장으로서 이토 히로부미를 살해한 이유를 밝히고 싶소. 그 이유는 바로 대한의 국모 명성황후를 시해한 죄! 대한의 황제를 폭력으로 폐위시킨 죄! 을사늑약과 정미 늑약을 강제로 체결케 한 죄! 무고한 대한의 사람들을 대량 학살한 죄! 누가 죄인인가, 누가 죄인인가!"

아이들에게 노래를 들려주며 본격 수업을 시작했다. 그러나 모든 것이 생각대로 되지는 않았다. 학급마다 편차가 존재했다. 특히 학급의 성향상 수줍은 아이들이 많은 반에서는 이 노래를 따라 부를 때(물론 과장이지만) 차라리 개미 기어가는 소리가 더 크게 들릴 것만 같은 느낌이 들 정도였다. 애초에 아이들이 좋아하는 걸 해보자고 시도한 것이 오히려 역효과로 이어지는 건 아닐지 염려되었지만, 이왕 시작한 일이 흐지부지되는 걸 보고 싶지는 않았다.

수업을 재구성할 때 가장 중요하게 여겼던 부분은 단순히 아이들이 노래를 듣고 따라 부르는 데 그치지 않는 것이었다. 그래서 자유롭게 곡을 선정한 후 직접 개사하여 새로운 곡을 만들게 하였다. 여기에 한 스푼의 아이디어를 보태자면, 한 명 또는 한 팀의 가수를 직접 제작하여 대중가요 시장에 데뷔시키는 과정을 모둠 활동에 녹여 내는 것이었다.

모둠 내에서 프로듀서, 작사가(개사가), 가수, 매니저 등 각자의 역할을 할당한 후에 최종적으로는 음악방송 프로그램(예시: '역사 뱅크', '쇼 역사 중심')에 출연한다는 가정 하에 수업을 마무리하는 게 재구성의 큰 틀이었다. 워낙 연예인에게 관심이 많은 시기인지라 역사에 별 관심이 없는 학생들조차 왠지 솔깃해하지 않을까 기대했다. 최근 다양한 매체에서 오디션, V-LOG 등 가수 관련 영상을 쉽게 접할 수 있으니 아이들 스스로 이를 참고하여 활동하기에도 좋았다.

아이들의 마음과 교사의 마음이 담긴 수업은 솔직히 번거로운 과정을 동반했다. 설문 조사서 한 장 한 장에 담긴 아이들의 목소리를 살펴야 했고, 수업 과정을 세분화한 구체적인 계획을 세워야 했으며, 모둠 활동 시 나타나는 다양한 문제도 신경 써야 했다.

이런 교사의 노력이 학생들의 적극적인 참여로 100% 이어진다면 심적으로나마 보상받을 수도 있겠지만 사실 그렇지 못한 경우도 허다하지 않은가. 다만 이번에 확실히 체감한 것 하나는 교사가 자신들의 목소리에 귀 기울이려 애쓸 때 아이들은 그 진심을 조금씩 알아준다는 사실이다. 그렇기에 오늘도 나는 나만의 생각으로 채워진 수업이 아닌, 학생의 마음을 재료로 만든 수업을 준비한다.

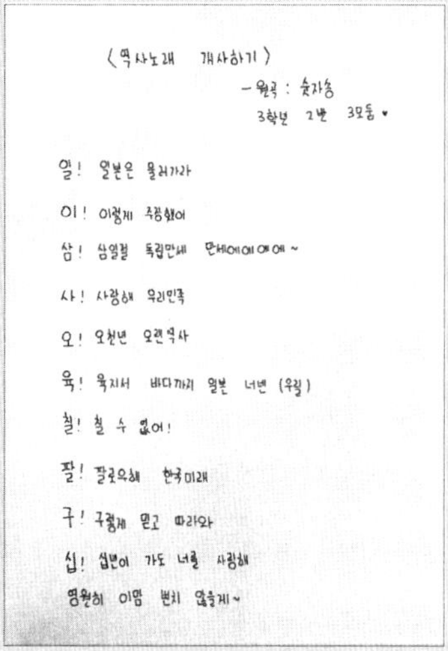

〈역사노래 개사하기〉

-원곡 : 숫자송

3학년 2반 3모둠 ♥

일! 일본은 물러가라

이! 이렇게 주장했어

삼! 삼일절 독립만세 만세에에에에~

사! 사랑해 우리민족

오! 오천년 오랜역사

육! 육지서 바다까지 일본 너넨 (우길)

칠! 칠 수 없어!

팔! 팔로우해 한국미래

구! 구렇게 믿고 따라와

십! 십년이 가도 너를 사랑해

영원히 이맘 변치 않을게~

이런 교사의 노력이 학생들의 적극적인 참여로 100% 이어진다면 심적으로나마 보상받을 수도 있겠지만 사실 그렇지 못한 경우도 허다하지 않은가. 다만 교사가 자신의 목소리에 귀 기울이려 애쓸 때 아이들은 그 진심을 조금씩 알아준다는 사실이다. 그렇기에 오늘도 나는 나만의 생각으로 채워진 수업이 아닌, 학생의 마음을 재료로 만든 수업을 준비한다.

역사는 정말 암기 과목일까요?

교과의 정수(精髓)는 무엇인가? 학문의 본질에 대한 견해는 상대적이며 절대적 진리가 존재한다고 가정하더라도 교실 수업은 교사의 말과 행동에서 시작된다. 교사 개인의 '교육관'이라는 망을 통과하여 '재구성'된 지식이 수업의 기반이 되는 것이다. 수업은 학생과의 상호작용 과정에서 영향을 받는다.

최근 교사 중심 지식 전달 교육을 지양하고 학생 내부의 자발적 동기에 의한 '배움'을 실천하려는 교육 패러다임이 자리 잡아 가고 있다. 평가 측면에서도 학생평가 결과를 정보화하여 지속해서 피드백하고 이를 통해 학생 스스로 학습에 대해 성찰, 자발적인 성장을 도모하는 '성장중심평가' 방법론이 대세를 이룬다.

현시점에서 다양한 학습과 평가의 '방법'(또는 철학) 중 대체로 '배움중심수업'과 '성장중심평가'가 경기교육에 적합한 모델로서 교육적 합의를 이루어 가는 중이다.

그런데 이와 별개로 역사 교과에 한정된, 학습과 평가의 '내용(대상)' 측면에 관해서는 의견이 분분하다. 이는 일선 교육 현장에서 아이들을 가르치면서 느꼈던 의문이기도 하다. 즉 '내용 지식 중심의 학습과 평가가 과연 옳지 않은 것인가?'라는 발제이다.

90년대 초, 대학수학능력시험이라는 새로운 제도가 탄생하면서 과거 학력고사 형태의 평가를 낡은 것으로 단죄하고 사고력 중심의 평가를 절대시하는 분위기가 형성되었다. 이런 흐름 속에서 역사는 '암기'한 '내용 지식'만을 평가하는 교과라는 오명을 뒤집어썼다.

당시 역사 교사들은 역사가 암기과목이 아닌, '이해'를 바탕으로 하는 교과라며 항변할 수밖에 없었다. '사고'와 '기억' 중에 전자를 더 상위의 개념으로 인정하는 교육적 합의 때문인지, 논리적 사고력 발달을 자부하는 수학이나 과학 같은 교과에 밀리고 싶지 않은 자존심 때문이었는지는 모르지만, 논란의 일선에 선 역사 교사들 대부분은 이러한 사회적 시선에 적극적으로 반응하였다.

실제로 대부분의 역사 교사들이 '역사는 암기과목이다.'라는 명제를 자신 있게 틀렸다고 말할 수도 없을 것이다. 최근 역사 교육에서 종종 언급되는 '역사하기(doing history)'[17]를 예로 들면, 분명 지식습득 중심의 역사 수업을 비판하면서 시작된 활동 중심의 학습모형인 것이 분명하다. 그렇다고 개별사실에 대한 학습(암기)이 필요 없는 것도 아니다. 과학이 자연현상을 탐구하여 가설을 증명하는 학문이라면, 역사는 개별 사실을 탐구하여 의미를 밝히는 학문이기 때문이다.

2학기도 막바지를 향해 가던 시점이었다. 지필고사도 끝났고 고등학교 입학원서 작성도 거의 마무리를 짓던 어느 날, '이번 시간은 역사 영화나 보여주면서 쉬어갈까?'라는 게으른 생각을 품고 있던 찰나, 교

◆

17 '역사하기(doing history)'는 암기 일변도 수업에서 벗어나 학생이 탐구하고, 생각하고, 토론하고, 표현하는 수업이다. 역사가의 역할이 '사료를 분석하여 사실을 밝히고, 여러 역사적 사실을 종합하여 주제 또는 시대의 의미를 규정하는 일'이라고 할 때, 학생들 또한 이러한 역사가의 사고 과정과 탐구 행위를 똑같이 경험하도록 해야 한다는 취지에서 고안된 학습 방법이다.

장 선생님의 불호령이 떨어졌다.

“학기 말 프로그램이 내실 있게 운영될 수 있도록 지도해 주세요. 특히 영화만 틀어주며 시간을 보내는 일이 없도록 부탁드립니다.”

게을러진 나의 마음을 꿰뚫어 보셨던 것일까. 도둑이 제 발 저린다는 말처럼 나는 졸업을 앞둔 3학년 학생들에게 도움 될 만한 수업을 하고자 고민하였다. 어차피 고등학교로 진학하면 1학년부터 다시 한국사를 배우게 될 테니 조금이라도 부담을 덜어주고 싶었다.

유명한 첫머리 글자 암기법 ‘태정태세문단세’와 같은 역사 기초 지식을 가르쳐주고 매시간 시험을 보는 것이 좋겠다고 생각했다. 나의 계획을 들은 아이들의 첫 반응은 그다지 내키지 않는다는 듯 질겁을 했다.

“헐, 선생님, 진심이신가요?”

“응. 너희를 위해 암기 노래도 만들었어. 밤새웠단다.”

“그냥 영화 보면 안 돼요?”

“(사실 나도 그러고 싶지만) 안 돼! 너희들의 졸업은 끝이 아니라 시작이라고!”

중학교 교사라면 알 것이다. 3학년 2학기의 지필 평가 이후 졸업까지 거의 한 달 가까이 되는 기간에 학업의 분위기를 형성하는 일이 얼마나 어려운지 말이다. 수업 분위기가 흐트러지기 쉬운 시기에 암기하고, 평가하고, 채점하는 패턴이 반복됐다.

슬쩍 상상만 해도 교실 분위기가 어떨지 안 봐도 훤했다. 그러나 나 자신도 이렇게 확신하지 못했던 학기 말 수업에 임하는 아이들의 태도는 예상 밖으로 적극적이었다.

“선생님, 그러면 태종이 정종의 아들인 거예요?”

한 친구가 순진한 표정으로 물었다.

“아니…. 태종은 태조 이성계의 다섯 번째 아들이고 정종은 태조의 둘째 아들, 즉 태종의 형이야. 내가 몇 번 얘기 하지 않았니? 이럴 땐 좌절하지 말고 같이 크게 한번 웃어 보자. 하하하.”

입은 미소를 머금고 있어도 눈빛은 진지함을 담았다.

“선생님, 개로왕이 어떻게 죽었다고요? 크크.”

아이는 기대감이 가득한 표정으로 물었다. 나는 발 연기에 가까운 동작으로 참수당하는 장면을 표현했다.

“개애…롭게.”

한 아이가 수업 나눔에서 “삼국시대를 공부하면서 복잡하다고만 생각했어요. 그런데 막상 삼국의 왕들이 했던 일들을 순서대로 외우고 나니까 역사 시간에 자주 들었던 ‘중앙집권화’, ‘왕권 강화’가 무슨 말인지 좀 이해가 되는 것 같아요!”라고 느낀 점을 이야기한 적이 있었다.

올해 실시한 중3들의 학기 말 프로그램 활동에 대해 자평한다면, 성공이라 말하기에는 턱없이 부족하지만 좀 더 발전시켜 볼 만한 지점이 몇 군데 있다. (주관적인 견해라는 단서를 달고서) ‘수업’과 ‘평가,’ 양 측면을 분석하여 소개하고자 한다. 우선 수업 설계 측면에서 살펴보자.

첫째, 흥미 유발을 위해 지루한 암기내용을 재구조화하였다.

예를 들면 동요를 개사한 역사 암기 노래가 있다. 급조한 탓인지 솔직히 개연성도 없고 유치한 측면이 있다. 어찌 되었건 재미를 강조하였고 교사인 내가 먼저 선창했다. 민망함을 무릅쓰고 열 번이고 스무 번이고 되풀이하여 부르는 동안에도 눈치를 보면서 입을 떼지 않는 아이들에게 말했다.

"나도 부끄러움을 아는 어른이란다. 내가 이렇게 부르는데 너희들, 정말 같이 안 부를 거니?"

둘째, 내용을 선정할 때 학생이 한 번이라도 접해 본 것을 골랐다.

조선왕조인 '태정태세문단세'를 못 들어본 아이들은 없었다. 누구나 수업 시간에 한 번쯤 들었던 내용을 토대로 하였기에 새삼 학생들에게 당위성을 설득할 필요는 없었다. 학생들 사이에서는 '이 정도의 기본 교양 지식도 없으면 부끄러운 것'이라는 인식이 형성되었다.

셋째, 협동 학습을 장려했다.

평소 나는 떠드는 학생들이 있으면 주변 친구의 학습권을 침해하는 행위로 간주하고 엄하게 경고하는 편이다. 그러나 학기 말에는 자유로운 분위기를 허용했다. 몇몇 적극적인 학생들을 중심으로 학습에 어려움을 겪는 친구를 가르쳐 주도록 했다. 처음에는 조금 소란스러웠지만, 점차 자발적인 학습 분위기가 조성되었다. 다음에는 평가의 측면에서 살펴보자.

첫째, 성적에 대한 부담감을 덜어 내고 실용성에 초점을 맞추었다.

수업 시간마다 테스트를 실시했고, 다음 주제를 학습하기 위한 기준으로 '학급 전체 인원의 75%가 만점, 만점이 75% 이하면 전체 재시험'이라는 최저 합격선을 설정했다. 상당히 까다로운 조건이었는데

생활기록부에 반영되는 평가가 아님을 알기에 아이들은 큰 부담을 느끼지 않았다. 고등학교 진학 후 1학년 때 한국사를 공부한다는 사실과 수능 필수과목이라는 점에서 미리 공부해 놓으면 유용하리라는 아이들의 판단이 적극적인 태도로 이어졌다.

둘째, 한 명 한 명에 대한 꼼꼼하고 빠른 피드백을 주었다.

채점 결과를 수업이 끝나기 전에 전원 확인시켰다. 물론 수업 시간 내에 결과에 대한 정보를 확인시켜주려면 교사도 매우 집중도 있게 평가 업무를 처리해야 한다. 자신이 무엇을 틀렸고 부족한 부분이 어딘지, 오래 기억할 수 있는 암기 팁도 교사가 개별적으로 전수해 주면서 확실한 동기를 부여하였다.

셋째, 자신의 성장 과정을 확인시켰다.

역사에 관심이 없거나 내용이 익숙지 않은 친구들도 많았다. 몇 번씩 재시험을 봐야 하는 아이들에게는 평가 과정이 힘들 수 있었다. 하지만 모든 평가 결과를 꼼꼼히 기록하여 지난번 테스트보다 얼마만큼 자신의 실력이 향상되었는지 아이들이 눈으로 직접 확인시키고 격려를 아끼지 않으니 어려워하던 아이들도 조금씩 조금씩 자신감을 느끼게 되었다.

'내용 지식'의 '암기'를 위주로 하는 수업과 평가는 학습자의 사고를 제한하고 흥미를 떨어뜨린다는 기존 주장에 반기를 들고 싶은 마음은 추호도 없다. 다만 학기 말 기간에도 불구하고 학생들 사이에서 자발적인 '배움'이 발생하는 모습을 보며 깨달았다. 문제의 원인이 암기 자체에 있지 않다는 사실이다. 필연적으로 암기를 요구하는 역사 교과의 경우 수업을 재구조화하고 평가 방식의 차별화를 꾀함으로써 학생으로부터 더 나은 결과를 도출할 수 있다는 확신이 생겼다.

물론 그러한 결론에 적합한 수업모형과 일반화 가능한 평가 양식이 무엇인지 묻는다면 아직 답을 내릴 수는 없을 것 같다. 하지만 그동안 족쇄처럼 역사 교사를 옥죄이던 교과의 편견과 이를 해명해야 하는 부담을 내려놓고 이제는 조금 가벼워져도 되지 않을까 하는 당돌한 자신감이 생겼다.

"역사가 암기 과목이라고요? 네, 맞아요! 그런데 세상에서 가장 재밌는 암기 과목입니다!"

배움의 시선 6

생각

예술로 한발짝!

배움은 아이들의 순수한 '생각'에서 자신을 발견하는 삶의 성장을 볼 수 있다. 배움의 여백에서 생각하는 아이들의 아름다움을 상상해 보자. 상상 속의 세상이 어떤 예술의 모습으로 만들어질 수 있을까? 아이들 각자의 색상이 자신의 세상을 분명하게 해줄 것이다. 배움으로부터 예술이 아이들의 삶을 더욱 선명하게 보여주는 것이다. 생각 속 내면의 깊은 만남이, 새로운 창의적인 삶으로 내일을 만들어 가는 아이들의 모습을 그려 본다.

박형윤

경기도 중등 5년 차 미술 교사이다. 현재 부천 도당중학교에서 근무하며 교내 혁신교육 동아리에서 활동 중이다. 미술의 고유한 색채로 교육 현장에서 수많은 상상의 색을 꿈꾸고 있다. 혁신교육으로 배움 너머의 새로운 창조적 세계를 펼치고자 한다.

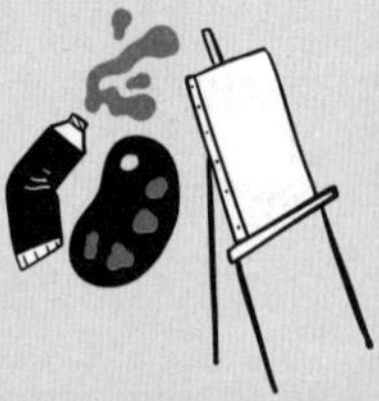

파란 하늘 꿈과 배움의 언덕

우리 학교 현장의 미술 시간 풍경이다. 배움의 언덕에서 서로 눈을 마주하고 이야기를 나눈다. 여섯 명씩 모둠을 이룬 아이들이 사과 하나를 두고 생각을 쏟아 내기 시작했다. 진희는 빨간 색연필로 사과를 그리고, 사과의 빨간색과 둥근 형태의 미적 요소부터 시작해서 그림자까지 명암의 단계를 설명했다.

진희의 설명을 듣던 수영이는 빨간색을 보면 에너지가 느껴지기도 하지만 죽음에 대한 상상으로 불안감이 든다고 말했다. 그러자 성호가 고개를 끄덕이며 사과와 오렌지를 그린 작가 폴 세잔[18]의 이야기를 시작했다. 미술사조에 대한 지식이 해박한 듯 세잔과 동시대 작가들을 설명해 주기도 했다. 설명이 끝날 무렵, 민식이는 스마트폰의 애플(apple) 마크를 보여주며 창업자 스티브 잡스[19]에 대해 이야기한다.

재민이는 민식이 생각을 듣다가 아이작 뉴턴[20]으로 사과에 대한 새로운 이야기를 꺼냈다. 그렇게 사과에 관한 생각을 더하고 빼다보

◆

18 프랑스의 화가. 사물의 본질적인 구조와 형상에 주목하여 자연의 모든 형태를 원기둥과 구, 원뿔로 해석한 독자적인 화풍을 개척했다. 추상에 가까운 기하학적 형태와 견고한 색채의 결합은 고전주의 회화와 당대의 발전된 미술 사이의 연결점을 제시했으며, 피카소와 브라크 같은 입체파 화가들에게 지대한 영향을 주어 '근대회화의 아버지'로 불린다. -네이버 지식백과

19 미국의 기업가이며 애플사(社)의 창업자이다. 매킨토시 컴퓨터를 선보이고 성공을 거두었지만, 회사 내부 사정으로 애플을 떠나고 넥스트사(社)를 세웠다. 그러나 애플이 넥스트스텝을 인수하면서 경영 컨설턴트로 복귀했다. 애플 CEO로 활동하며 아이폰, 아이패드를 출시, IT 업계에 새로운 바람을 불러일으켰다. -네이버 지식백과

20 영국의 물리학자이자 천문학자. 행성이 태양 주위를 도는 이유를 연구하다가 우주의 모든 물체가 서로 끌어당긴다는 인력을 가지고 있다는 '만유인력의 법칙'을 발견했다. 또한 '뉴턴역학1)의 체계'를 정리해서 근대 과학을 이끌었다. -네이버 지식백과

니 어느 새 종이 한 장이 가득 채워졌다. 아이들이 그린 그림과 더불어 글씨가 빼곡하게 채워져 있다. 종이는 여러 번 지우고 다시 쓴 흔적으로 너덜너덜했지만, 아이들의 눈빛은 여전히 살아 있었다. 이제 수업시간에 서로의 시선을 마주한 아이들의 모습이 낯설지 않다. 미술 수업은 함께 서로의 다양한 생각을 공유하면서 새로운 아름다움을 정의한다.

내가 다녔던 학교의 미술 시간 풍경이다. 교실의 형광등이 정물을 비추고 있다. 서른여섯 명의 학생들 앞에는 사과, 주전자, 벽돌이 놓여 있고 선생님의 설명에 따라 열심히 정물을 그렸다. 정물의 명암단계를 표현하기 위해 밝음과 어두움을 찾느라 학생들은 실눈을 떠보기도 했다. 하지만 이내 몇 분이 지나지 않아 한두 명씩 연필을 책상 위에 내려놓고 엎드렸다. 몇몇 학생은 끝까지 정물의 질감까지 표현해 보려고 애썼다.

그리기가 끝나고 칠판 앞에 그림이 걸렸다. 명암 단계와 질감을 잘 표현한 세 명의 작품이다. 선생님은 칠판에 걸린 그림을 보면서 이전 시간에 배웠던 미술 이론을 상세히 설명한다. 학생들 사이에서 힘없는 박수가 나온다.

정수의 혼잣말이 들렸다. "미영이는 원래 잘 그렸잖아. 나는 미술은 안 해도 괜찮아." 칭찬을 들은 미영이가 쑥스러운 듯 작은 소리로 말했다. "사실 어렸을 때 미술학원에 다녔어." 정수는 단념하듯이 "넌 좋겠다. 난 미술에 소질이 없어서 안 다녔어. 미술은 해도 안 되더라.

영어 단어나 외우려고." 하면서 우선순위 영어 단어장을 펼쳤다.

미술 시간, 잘 그리는 학생은 언제나 특별한 대우를 받았다. 늘 선생님의 시범 조수 역할을 하면서 매시간 특혜와 다를 바 없는 관심과 칭찬 속에서 수업을 즐겼다. 이렇게 미술 시간은 그림에 소질이 있는 아이들 소수만이 살아남았다. 미술 교과에 탁월한 표현력을 가진 몇 명의 학생만 온전히 누릴 수 있는 것이다. 그렇다면 다른 학생들은 어떻게 보냈을까?

이제 학교의 현장에서는 그리기 능력만 미술 영역으로 보지 않는다. 배움 그 자체를 중시하며 학생 스스로 생각하고 행동하는 주체가 되도록 한다. 학생의 삶에서 주도적으로 미술을 활용할 수 있는 실제적인 능력에 주목하면서 학생의 생각과 성장을 관찰하는 것이다. 미술적 재능이나 표현 능력만 보는 것이 아니라 학생이 가진 호기심, 상상력, 탐구력, 과제 집착력 등의 잠재력을 중요시한다.

미술 교과의 목적은 삶 속에서 미술을 즐기며 활용하는 창의 융합형 인재로 성장하는 데 있다. 체험과 표현, 감상을 통해 미술 영역을 균형 있게 학습한다. 다양한 지식과 경험을 통해 조화로운 자아 발달과 문제 해결력, 창의적인 사고력, 다양한 정보를 융합하고 창작하는 능력을 성장시킨다. 또한 자신의 삶을 체험하고 미술적인 시각으로 해석하며 표현한다. 자신의 경험과 사회적, 시대적, 문화적 배경에 따라 미술 작품을 자유롭게 비교, 감상하는 과정을 통해 미적 능력을 학습하게 된다. 이로써 자연스럽게 삶을 미술과 공유하고 실천하는 배움, 그 자체를 경험하는 것이다.

미술 교과에서 배움의 언덕은 무엇일까? 미적 사유를 창작활동 과정에서 창조적인 대상을 구체화하는 방법의 일종이라는 것이 일반적인 생각이다. 그러나 이제 미술 교과는 배움의 언덕에서 자신의 생활을 향유, 미적인 감상과 소통을 하는 데까지 그 영역을 확장해 나가고 있다. 미술을 삶 속에서 주도적으로 활용하며 창의적으로 사고한다. 미술을 생활화하여 다양한 시각으로 탐색하고 새로운 의미와 가치를 발견한다. 또한 타 영역과의 교류와 융합으로 얻은 지식을 통해 창조적 세계에 더 가까이 간다.

지금껏 교육과정 체계와 방식에 얽매이지 않는 여백을 찾고, 배움의 방식에서 벗어나 배움 그 자체를 통해 스스로 생각하고 성장하기를 기대한다. 배움의 언덕에서 우리들의 생각이 파란 하늘의 꿈으로 펼쳐질 수 있기를 바란다.

미술은 우리 삶에 스며 있다

삭막하기만 하던 우리 학교의 회색 벽에 빨강, 노랑, 파랑으로 알록달록 색을 입혔다. “선생님, 이 벽은 저희 조가 할래요!!” 학교의 벽면을 찾아다니던 아이들은 사람들이 많이 드나드는 길목의 벽을 꾸미고 싶어서 발놀림이 바빠졌다. 미술을 통해 세상을 바라보는 것, 삶 속에서 미술을 발견하는 것은 미술 수업에서 꼭 전달하고 싶은 메시지이다. 어떤 수업을 하더라도 이 수업을 왜 해야 하는지 그 이유를 설명할

미술 교과에서 배움의 언덕은 무엇일까? 미술 교과는 배움의 언덕에서 자신의 생활을 향유하고 미적인 감상과 소통을 하는 데까지 그 영역을 확장해 나가고 있다. 미술을 삶 속에서 주도적으로 활용하며 창의적으로 사고한다. 미술을 생활화하여 다양한 시각으로 탐색하고 새로운 의미와 가치를 발견한다. 배움의 방식에 서 벗어나 배움 그 자체를 통해 스스로 생각하고 성장하기를 기대한다. 배움의 언덕에서 우리들의 생각이, 파란 하늘의 꿈으로 펼쳐질 수 있기를 바란다.

수 있어야 한다. 미술은 우리 삶에 자연스럽게 스며들어 있기에 종종 미처 알지 못하는 부분에서 그 존재를 깨닫게 하는 즐거움이 있다.

미술적 감각은 어떤 대단한 능력이라기보다 다양한 아름다움의 기준에서 편안하면서도 신선한 충격을 주는 것이다. 그 차이는 보편적이냐, 자극적이냐에 달려 있다. 우리의 감각을 활용하여 미술로 표현하고 세상을 해석하고 내가 느꼈던 감정과 생각을 형태와 색상으로 떠올리게 된다.

아이들은 미술 수업을 통해 세상 너머의 것을 상상하며 줌아웃(zoom out:축소)하고, 생활 속에서 미적 감각을 즐기며 미술을 당겨보는 줌인(zoom in: 확대) 과정을 반복하는 것이다. 이 과정을 통해 숲과 나무를 보며 자신의 시각을 찾아간다. 아이들의 시각은 다양한 생각을 통해 바라볼 수 있기에 사고를 형성하는 줌인과 줌아웃의 시간이 반드시 필요하다.

이번 수업은 '조형 요소와 원리를 활용한 학교 환경 디자인 프로젝트'이다. 조형 요소와 원리는 화면의 구성 방법을 이해하고 미적 감각을 익힐 수 있는 미술의 기초이다. 우리가 쉽게 알고 있었던 점, 선, 면, 형태, 색상이 하나의 구성요소로 활용된다는 것부터 새롭게 탐색해 보기로 했다.

"선생님! 점들이 모여 있으니까 개미떼 같아요. 으, 징그러워요."

철수가 질겁하는 표정으로 말했다.

"엇, 정말 개미 떼 같다. 신기하네. 선생님은 저 점들이 누군가 걸어온 흔적들 같아서 뭔가 아련한 것 같아. 다른 친구들은 어떤가요?"

나는 철수의 반응을 보고 아이들에게 새로운 시각을 던졌다.

“그렇군요. 선생님 얘기를 듣고 나니 검은색 점이 따뜻한 느낌이 들어요. 추운 날에 흰 눈밭 위를 걸어서 붕어빵을 사 가는 아빠의 모습이 떠올랐어요. 점의 크기를 더 다양하게 표현하면 걸어가는 방향의 원근감이 나타날 것 같아요.”

영희는 나의 시각에 동감하며 새로운 방법을 제시하자, 이에 질세라 영진이가 또 다른 이야기를 내세웠다.

“저는 흰색 위 점들을 보면서 한국을 대표하는 백의민족을 떠올렸어요. 그리고 이상하게 점이 두드러질수록 점보다 여백이 더 눈에 들어오는 것 같아요.”

미술에서 활용되는 ‘점’이라는 요소가 아이들에게는 이처럼 다양한 세상을 떠올리게 한다. 아이들이 경험한 세상을 볼 기회란 흔치 않다. 이 경험들은 위대한 감각으로 발현되어 본래의 자신을 더욱 자유롭게 표현할 수 있게 한다. 조형 요소로 재해석 된 아이들의 세상은 의외로 진중한 탓에 아무리 귀여운 농담이 섞인 이야기일지라도 가볍게 웃어넘길 수 없을 뿐만 아니라 그들의 세상에 함께 고뇌하고 공감하게 되었다.

탐색전이 끝나면 본격적으로 조형 요소와 원리를 활용하여 각자 하나의 주제를 정해 그림을 제작한다. 자율 주제로 조건은 조형 요소 세 개, 조형 원리 두 개가 나타나는 그림을 구성하도록 했다. 그림판으로 제작된 작품들은 저마다 각자의 세상을 대변하듯 다양한 이야기가 함축된 이미지들로 아름답게 완성되었다. 아이들의 작품 설명서에는 또 다른 세계가 펼쳐지고, 나는 가끔 그 속에 흠뻑 빠져 시간을 보내기도 했다.

작품 발표가 길어지는 통에 개개인 피드백을 짧게 줄였다. 그리고 동료 평가가 끝난 뒤에는 투표를 통해 반마다 여섯 작품을 선정했다. 다음 주는 대면 수업이기에 나는 아이들에게 학교 환경 디자인 프로젝트를 설명했다. 학교 안에서 아이들의 세상을 마음껏 펼치게 할 생각에 마음이 들떴다.

아이들은 지금 학교의 차가운 벽 앞에 섰다. 자신들만의 완성된 작품으로 학교 환경을 디자인하는 시간이다.

"이것은 진수 작품이야. 나는 대칭 표현이 마음에 들어서 이 모둠을 선택했어."

"저 작품은 내 것인데, 나는 소윤이 작품을 같이 디자인해보고 싶어서 이 모둠으로 왔어. 기대되는데!"

아이들은 저마다 왜 이 작품을 선택했는지를 이야기하며 활동 준비를 했다. 사람들이 가장 많이 다니는 길목의 벽면에 자신의 작품을 디자인하여 더 많은 사람이 볼 수 있기를 바라는 눈치였다. 나는 학교 안의 오래된 벽이나 부서지거나 색이 바랜 곳에서도 새롭게 환경을 디자인해 볼 수 있다며 제안해 보았다. 덕분에 아이들끼리 공간을 선택하는 데 다툼이나 갈등은 없었다. 작품 도안에 어울리는 장소를 찾겠다며 30분 동안 학교 복도를 탐색한 모둠도 있었다. 아이들은 빨강, 파랑, 노랑, 검정, 초록 색상 테이프를 이용하여 자신의 작품으로 학교를 디자인했다.

3학년 총 여덟 반, 다섯 명씩 여섯 조로 48개의 학교 벽면을 조형 요소와 원리를 활용하여 디자인하는 일은 쉽지 않았다. 프로젝트 활동 과정에서 아이들이 재잘거리는 대화가 수업에 지장을 준다며 여러 번 항의를 받기도 했다. 다행히 선생님들에게 활동의 취지를 설명하고 양해를 구하며 끝까지 마무리할 수 있었다. 교실 밖 수업은 언제나 여러 돌발적인 상황이 발생하기 마련이다. 이러한 경험은 다음 수업을 계획할 때 좋은 팁이 될 것이다.

학교 환경 프로젝트 활동은 끝난 후에도 재미있는 여운을 남겼다. 아이들은 학급별로 완성한 작품들을 보며 "이건 우리 반 2조가 한 작품이야."라며 뿌듯해하거나 혹은 다른 친구들의 작품을 칭찬하기도 했다. 어떤 아이들은 자신들의 모둠 활동의 결과를 확인하고자 쉬는 시간, 점심시간, 심지어 하굣길에도 그 앞을 지나며 스스로 자부심을 느끼기도 했다.

지나가는 선생님들을 붙잡고 어떤 작품이 더 잘한 것 같냐며 물어보는 아이들도 있었다. 지나가는 사람을 붙잡고 작품에 대한 의견을 직접 물어볼 기회가 있다니 그것도 배움의 연장선이 아닌가! 나는 아이들이 모처럼 자신을 드러내고 뽐낼 좋은 기회라는 생각이 들었다. 학습한 내용을 함께 나눌 수 있는 아이들의 용기에 감사하는 마음이 더욱 커졌다.

아이들이 학습한 내용이 그저 공책에 적혀서 저장되지 않았으면 좋겠다. 미술 과목이 단순히 그림을 잘 그리는 능력에만 국한되어서 어떤 아이들은 피하고 싶거나 자존감을 잃는 시간이 되지 않기를 바란다. 미술 작품은 아름답게 완성된 온전한 작품으로 갤러리에 전시되는 독립된 영역이 아니다. 예술 역시 천재적인 능력과 감각을 가진 소수가 즐기는 분야가 아니다. 학생들이 배운 내용으로 자신의 삶을 새롭게 해석하고 만들어 가는 것이다.

조형 요소와 원리인 미술의 기초를 활용하여 학교 환경을 마치 자신의 스케치북인 양 자유롭게 채색하면서 새로운 세상을 만들어 보는 일, 자신의 삶 속에서 미술을 찾아보고 내 손으로 만든 작품으로 학교를 채워 나가며 함께 이야기하는 과정에서 또 다른 재미를 발견하기를 바란다.

우리가 미술을 통해서 바라보는 세상은 어떤 모습일까. 삶 속에서 발견하는 소소한 아름다움으로 미술을 즐길 수 있다. 학교의 낡고 공허한 공간이 아름다운 미의 영역으로 채워지는 것처럼 아이들의 다양한 생각 속에서 펼쳐지는 세상을 미술로 채워 갔으면 하는 마음이다. 아이들이 미술을 통해 저 멀리 세상을 바라보고 일상에 꼭꼭 숨어 있는 미술을 찾아보면서 수많은 경험과 생각으로 성장하고 발전하길 바란다.

오아시스 같은 잔상, 과정 미술

높낮이가 다른 종이컵이 질서 있게 위에서 아래로 끝없이 배열되어 있다. 높이는 일반 성인의 키를 훌쩍 넘어 천장에 닿을 듯 치솟아 오르고 배꼽 높이에서 바닥까지 아래로 길게 늘어졌다. 그 종이컵 성벽을

쪽 따라 걷다 보면 흰 종이컵들은 파도를 치듯 물결 형태를 드러내기도 하고 중간에는 구멍이 있어 성안의 공간이 조금씩 보이기도 했다.

학교 광장에는 창문을 통해 선선한 바람이 불었다. 광장에서는 종이컵을 활용한 아이들의 건축 활동이 한창이었다. 건축 모형을 고정하는 접착제나 테이프, 풀은 없었으나, 중력에도 견고한 아치 형태의 무게중심을 찾아 건물의 벽을 쌓아올려 본다. 주변 환경과 어우러지는 건축을 주제로 우리 학교 환경에 적합한 건물 속 건축 활동을 해보기로 했다.

원래는 야외수업을 계획했는데 바람이 심하게 부는 바람에 결국 짐을 챙겨 학교 안 광장으로 올라왔다. 자연환경과 어우러지는 건축 활동이 본래 목표였으나 조건이 되는 대로 학교 환경과 어우러지는 건축 활동으로 변경했다. 야외활동이라 무척 들떴던 아이들이 광장으로 올라오니 조금 아쉬운가 보다. 수업 설계자인 나도 본래 계획 대로 수업하지 못해 무척 아쉬웠지만, 그런대로 우리의 세상을 펼쳐 보기로 했다.

나는 미술 수업을 통해 '삶과 미술의 연계성' 그리고 '과정 미술'로서의 '경험의 중요성'과 '성장'을 이야기하고 싶다. 마치 오아시스와 같다. 끊임없이 걸어가는 활동에서 보일 듯 보이지 않는 '결과'의 잔상 말이다. 그저 '과정'만 보이고 느껴질 뿐이다. 이때 가장 중요한 것은 '결과'라는 여백을 비워두는 것이다. '결과'라는 여백을 통해 비워진 곳에서 우리들의 '과정', 곧 '성장'을 찾을 수 있을 것이다.

과거 전통미술은 하나의 완성된 작품만을 미술품으로 인정했다.

우리가 잘 알고 있는 레오나르도 다빈치, 미켈란젤로가 그 대표적인 예이다. 정해진 미의 기준으로 완성된 작품. 즉 대상과 똑같이 그려져 완성된 유일무이한 작품만이 갤러리에 전시된다. 그리고 일명 고급 미술로 왕족이나 귀족 등의 권력, 명예와 부를 가진 자들만 예술작품을 향유했다.

우리는 위대한 미술의 역사 속에서 완벽한 작품만을 미술의 기준으로 삼아 오로지 하나의 기준으로 그리고 만드는 미술 수업을 한다. 나는 그러한 완벽을 추구하는 미술 수업에서 한 발짝 나오기로 했다. '과정, 그 자체로도 하나의 미술이 될 수 있는 수업을 할 수 있을까.' 수행평가가 끝난 터라 수치화된 평가의 부담을 버린 채 '미술이란 무엇인가'라는 개념적 영역으로 스스럼없이 다가가 보았다.

'과정 미술'이라 하면 20세기 현대 추상표현주의 미술의 대표작가 잭슨 폴록[21]을 떠올릴 수 있다. 물론 그전에 파블로 피카소[22]의 다시점을 통한 입체주의, 콜라주나 파피에 꼴레 등으로 전통미술을 거부하기 시작하면서 제작된 오브제라는 개념이 도입되었다. 본격적으로 마르셀 뒤샹[23]을 통해 레디메이드. 즉, 오브제(기성품)가 그 물건의 목

◆

21 추상표현주의 양식의 액션 페인팅 대표작가. 유럽 미술의 영향에서 벗어나 독자적인 미술사상을 보여주었다. 초반에는 심하게 변형된 인간이나 동물의 이미지를 그렸고, 48년 무렵부터는 캔버스 위에 물감을 쏟으며 그림을 그리는 '드리핑 페인팅' 수법을 만들어냈다.-네이버 지식백과

22 입체주의의 창시자. 양식과 매체의 변경에도 기교, 독창성, 해학에 한계가 없이 작품을 제작하였던 20세기 최고의 거장이다. 초기 청색시대를 거쳐 종합적 입체주의까지 입체주의 미술 양식을 창조하였다. 아방가르드 미술 모임에 핵심 인물로, 많은 미술가에게 영향을 끼쳤다.-네이버 지식백과

23 프랑스 화가이며 다다이즘의 중심적 인물. 자크 비용과 뒤샹 비용의 동생으로 인상주의, 포비즘, 큐비즘의 영향을 받은 기계와 육체가 결합한 듯한 작품을 그려 대부분의 회화를 파기하였다. 변기를 작품화한 '샘'과 같은 기성품을 활용한 '레디 메이드' 오브제를 제시했다.-네이버 지식백과

적을 버리고 새로운 의미를 얻는 개념 미술을 통해 전통미술이 파괴되었다.

개념 미술은 완성된 작품 자체보다 아이디어나 제작 과정을 중요시하는데 이후에 시간의 흐름을 표현하는 움직이는 미술도 등장한다. 다양한 형태로 완성된 작품보다는 과정을 나타내는 미술의 양상들을 흔히 볼 수 있게 된다.

잭슨 폴록의 액션 페인팅 기법이 표현된 작품에서 강렬한 행위의 흔적을 보면 '과정 미술'을 이해하기에 충분할 것이다. 바닥에 펼쳐진 거대한 캔버스 위에 춤추듯 자유롭게 뿌려진 물감의 선을 볼 수 있다. 음악에 따라 내적 감정이 분출된 물감의 흔적은 잭슨 폴록의 무의식 흐름을 상상하게 한다. 완성된 작품으로는 큰 화면에 정신없이 뿌려진 빨강, 파랑, 노랑, 흰색 등 색색의 물감 덩어리들의 속도만 보일 뿐이다.

대체 무엇을 표현하려 했는지 그 대상은 알 수 없다. 다양한 물감 덩어리의 속도에서 잭슨 폴록의 감정을 느껴볼 뿐이다. 잭슨 폴록의 작업 과정을 볼 수 있는 영상도 유명한데 작가가 음악을 들으며 바닥에 펼쳐진 캔버스 위를 이리저리 걸어 다닌다. 그리고 페인트 통에 붓을 담갔다 꺼내 물감을 떨어뜨리거나 뿌리는 과정이 반복된다.

대지 미술가 크리스토 자바체프[24]는 독일 국회의사당, 프랑스 개선문 등의 공공건물이나 미술관, 플로리다 마이애미에 있는 해안의

◆

24 불가리아 출신의 미국 미술가. 살아있는 모델이나 오브제, 공공건물이나 자연을 포장하는 작업을 했다. 대표작 《포장된 해변》은 해변을 흰 천으로 '포장한' 작품이고 《밸리커튼》은 거대한 오렌지색 장막을 쳐 계곡을 둘로 나눈 작품이다.-네이버 지식백과

11개 섬을 랩핑한다. 거대한 건물을 포장해서 대상의 영원성을 부정하며 존재했던 것들을 사라지게 한다.

이 대지 미술가의 작품은 프로젝트 작업으로 일시적으로 전시했다가 일정 기간이 끝나면 모두 철거된다. 그리고 그 작업을 계획했던 작품 계획서, 아이디어 스케치, 작품을 설치하는 과정을 담은 비디오 영상만 남게 되는 것이다. 전통미술의 독립성, 완전성, 영원성을 부정한다. 미술관 밖으로 나간 작품들이 미술관 안에 아이디어 스케치나 영상으로 전시되고 있는 아이러니함도 있지만, 미술의 과정, 흐름을 강조하는 미술 작품임에는 분명하다.

아이들에게 이러한 작가와 작품들을 통해 미술의 과정의 중요성, 개념 미술의 영역, 완성된 미의 기준에서 아름다운 작품만이 미술이 아니고 행위의 과정도 하나의 미술이 될 수 있으며 우리의 활동과 지금 배움의 나눔 속에서 미술을 즐길 수 있음을 알려주고 싶었다. 그리는 재능이 부족하더라도 생각, 개념으로 표현할 수 있는 미술의 영역으로 지식을 확장하고 미술 그 자체로 즐길 수 있도록 말이다.

안토니오 가우디 건축[25]에 대한 사전 탐색으로 아이들은 저마다 지식 박사가 되어 친구들에게 자신의 아이디어를 설명한다. 우리나라의 DDP(동대문 디자인 플라자) 건축물을 또 하나의 예시로 제시했는데 직접 DDP를 다녀온 학생들은 자신이 경험한 건축물에 대해서 기억을

25 에스파냐의 건축가. 벽과 천장의 곡선미를 살리고 섬세한 장식과 색채를 사용하는 건축가였다. 미로와 같은 구엘공원, 구엘교회의 제실 등이 유명한 작품이다. 그중에서도 사그라다 파밀리아 성당은 그의 역작이다.-네이버 지식백과

되짚어 이야기하기도 한다. 갑자기 장소가 변경된 활동에도 아이들이 저마다 자신의 것들을 찾아내는 모습이 대견하고 예뻤다.

아이들은 건축가의 정보와 아이디어 스케치가 그려진 종이 한 장을 들고 학교 광장을 넘어서 구름다리로 곳곳에 모둠의 자리를 잡았다. 그리고 아이들이 계획한 건축물이 상하좌우 파도를 치며 형상을 보이기 시작했고 건축물 사이사이를 걸어 다니며 감상하기도 했다. 이 건축 활동을 하면서 가장 많이 들었던 감탄사가 있다.

"어!!어!!!어~~~ 아~~!"

고정하지 않은 종이컵을 층층이 쌓다가 무게중심을 잘못 잡아 쓰러지거나 창문을 뚫기 위해 욕심을 내는 바람에 벽면이 무너지기를 반복했다. 건축 활동 시작 전에 작년에 했던 수업 영상을 보여주었는데, 높이 쌓아올린 종이컵이 무너지기를 되풀이할 때마다 아이들은 함께 탄식하며 소리를 질렀다.

"고정되지 않는 건축물이라서 계속해서 이렇게 무너지고 쓰러질 거예요. 아마 이러한 과정이 반복될 텐데 우리는 그럴 때 어떤 생각이 들까요?" 나는 영상을 보는 아이들에게 질문을 던졌다.

"선생님. 저는 저렇게 무너지는 것이 반복되면 엄청 짜증이 날 것 같아요." 민수가 대답했다. "저는 열심히 쌓아 올리고 있는데 계속 무너지면 진짜 화날 것 같은데요…." 옆에 앉은 민지도 무너지는 영상을 보면서 느낀 짜증 섞인 감정을 드러냈다.

"그래요. 아마 내가 열심히 쌓은 종이컵 건축물이 계속 무너지면 화가 나기도 하겠죠. 그런데 우리는 이 활동으로 무엇을 생각하면 좋을

우리가 미술을 통해서 바라보는 세상은 어떤 모습일까. 삶 속에서 발견하는 소소한 아름다움으로 미술을 즐 길 수 있다. 학교의 낡고 공허한 공간이 아름다운 미의 영역으로 채워지는 것처럼 아이들의 다양한 생각 속 에서 펼쳐지는 세상을 미술로 채워갔으면 하는 마음이다. 아이들이 미술을 통해 저멀리 세상을 바라보고 일 상에 꼭꼭 숨어있는 미술을 찾아보면서 수많은 경험과 생각으로 발전하길 바란다.

까요? 우리는 이러한 상황에서 어떤 것을 할 수 있을까요?" 나는 아이들이 과정 미술을 통해 새로운 관점을 볼 수 있도록 대화를 유도했다.

"저는 다른 형태로 새롭게 만들 수 있어서 더 재미있을 것 같아요" 질문의 의도를 간파한 예정이가 또랑또랑한 목소리로 답했다.

"대단하네요. 우리는 단순히 건축물을 세우는 것에 끝내지 않고 새로운 창조의 과정을 알아보는 시간을 가져볼 거예요. 고정되지 않은 건축물이 계속해서 무너지고 쓰러질 때 좌절만 느낄 것이 아니라, 새로움을 발견하는 기회도 느껴봅시다. '괜찮아'라는 말은 오늘 우리 수업에서 서로에게 가장 많이 해야 할 단어가 되겠네요."

건축 활동이 끝난 뒤에는 건축물에 들어가 단체 사진을 찍었다. 직선과 곡선 사이사이 빼꼼히 보이는 아이들의 얼굴이 무척 귀여웠다. 이제 모든 활동을 마무리하고 해체하는 작업을 즐기는 순간이었다.

"자, 모두 해체할 준비 되었나요?!!"

그와 동시에 우리는 이리저리 쌓아 올린 종이컵을 각자의 방법대로 무너뜨렸다. 날아 차기를 하는 아이, 슬쩍 건드려 보는 아이, 장풍을 쏘는 자세로 퍼포먼스를 보이는 아이들도 있었다. 신나서 소리를 지른 아이, 아까워서 손을 쭉 뻗으며 아쉬운 한숨을 내뱉는 아이, 그 와중에 무너진 종이컵을 다시 쌓고 있는 아이들까지도 이러한 활동을 통해 각자의 성향을 보여주었다. 역시 즐기는 그 모든 과정이 소중한 것이다. 미술 활동 속에서 아이들의 웃음을 볼 수 있던 그날, 우리는 행복했다.

미술이라는 교과에서 배움의 방향은 여러 가지이다. 체험, 표현,

감상으로 큰 영역을 나눠 주제를 통해 활동할 수 있는데, 표현과 감상은 활동 결과물을 통해 한눈에 볼 수 있으며 평가 기준을 마련하기에도 어렵지 않다. 체험의 영역은 하나의 과정으로 그 경험을 중요하게 볼 수 있는데 하나의 기준으로 판단하기가 쉽지 않다.

이러한 경험을 통한 과정 미술의 교육적 효과는 어떻게 나타낼 수 있을까, 여전히 나에게 큰 숙제이다. 미술의 과정만으로도 이렇게나 다양한 아이들의 모습을 발견할 수 있는데 그 효과를 객관적으로 수치화시켜 수행평가의 틀 안에서 A, B, C를 판단하려니 역시 어려운 문제였다.

하지만 나는 아이들에게 미술의 영역이 더 넓고 깊게 펼쳐질 수 있다는 것을 알려주고 싶다. 생각하고 경험하는 과정으로도 우리에게 배움이 있다는 것을 말해 주고 싶다. 작품을 계획하고 제작하며 해체하는 그 모든 과정이 미술을 새롭게 정의하는 소중한 기회가 되길 바란다. 결과의 여백을 남겨둔 미술 활동 과정을 통해서 아이들의 아름다운 기회를 발견하고 싶다.

지구는 둥그니까, 돌고 돌아 만나는 공유와 소통

"지구는 둥그니까, 자꾸 걸어 나가면 온 세상 어린이들 다 만나고 오겠네."

우리가 잘 알고 있는 동요 속 가사 말처럼 세상은 넓고 서로 연결

되어 있다. 길 위를 걷다 보면 너와 내가 만나 또 다른 친구들을 맞이할 수 있듯이 학교라는 공간에서 배움을 실현하는 아이들에게 만남의 연속성을 어떻게 전할 수 있을까 늘 고민하게 된다. 이 동요는 이제 어린아이들이나 부르는 현실과 동떨어진 꿈의 세상이 아니다.

지금 학교 밖에서는 SNS, 페이스북, 유튜브 등을 통해 한 걸음, 두 걸음, 세 걸음을 넘은 소통과 공유의 새로운 방식이 활발히 존재한다. 그러나 학교 안에서는 아직도 수많은 기준과 틀 안에서 배움을 규정지으며 걸음의 모양을 살피고 있다. 이제 우리 학교 교육도 안전지대만 고집하는 걸음의 모양만 볼 것이 아니라 좀 더 보폭을 넓혀 밖을 향해 나아가야 한다.

"어제 배웠던 수학 문제 풀었어?","너는 요즘 학원에서 몇 학년 문제 풀어?","과학 선생님이 설명해 주신 문제의 답은 어떻게 풀었어?", "오늘은 영어 단어 몇 개 외웠어?" 이러한 대화는 학교에서 아이들끼리 서로 나눈 이야기이다. 지식을 배우고자 안간힘을 쓰는 아이들을 보면 대견하기도 하고 안쓰럽기도 하다.

나는 이 아이들이 학교 밖으로 나간다면 어떤 질문을 할 수 있을까? 질문의 방향을 고민해 보았다. '우리 옆집에는 어떤 사람이 살고 있지?', '우리가 사는 지역에는 어떤 특징이 있지?', '우리가 사는 도시에는 어떤 문화적 자원이 있을까?', '나는 그 자원들을 어떻게 활용할 수 있을까?'

아이들의 질문의 형태가 달라졌으면 좋겠다. 우리 아이들이 학교에서 일어나는 배움을 일상생활에서 활용할 수 있었으면 좋겠다. 배움과 삶이 하나가 되는 실천적인 교육을 통해 성장하길 바란다. 교과 지식 자체로는 이 복잡하고도 다양한 사회에 적응하고 개척하는 데 어려움이 있다.

이제는 외부와 단절된 교과 지식에서 벗어나 학생이 일상생활 속에서 지식을 활용하는 능력, 삶 속에서 자신의 것을 새롭게 만들어 내는 능력 등을 더 관심 있게 봐야 한다. 혁신 교육에서 흔히 말하는 교육 3주체인 교사, 학생, 학부모는 더욱 유연한 자세로 배움이라는 영역을 바라봐야 한다.

미디어를 통한 소통은 단순히 사람과 사람의 상호작용을 넘어서 사람과 학습의 장을 공유하는 환경까지 생각해 보게 된다. 교실에서 각 교과 선생님들은 수업하고 아이들은 협력과 배움을 나눈다. 이러한 소통의 장을 더욱 확대해 본다면 어떤 모습일까, 학교 밖 지역사회와 함께하는 수업은 아이들에게 더욱더 직접적이고 실제적인 배움이 될 것이다. 아이들이 지금 배우는 교육과정의 내용과 지역사회가 연결하여 지식의 연계 조직망을 만들어 내는 것이다.

이는 교사와 아이들에게 배움의 영역이 더욱 깊고 넓어질 수 있다는 희망을 줄 것이다. 학교 교육과 지역사회가 연결된 교육은 확장된 학습의 장을 향한 첫걸음이다.

"선생님, 제가 차에 타는 마지막 번호예요."

"아, 지민이가 마지막이구나. 알려줘서 고마워."

대형 버스에 오른 18명의 미술동아리 학생들이 샌드위치를 먹고 있다. 나는 안전띠 착용 여부와 인원수를 확인하고 맨 앞자리에 앉았다. 대형 버스를 빌린 우리는 헤이리 마을의 도자기 체험장으로 향했다. 40분 정도를 달려 도착한 도자기 체험장에서는 따뜻한 불빛이 유약을 바른 도자기를 반짝반짝 비추고 있었다. 나는 아늑하고 따뜻한 도자 체험 공간에 대한 간단한 설명과 안전주의 사항을 전달했다.

강사님은 도자기 마그네틱과 화분을 제작하는 학생을 구분해서 좌석을 배치해 주었고 추가로 보조 강사도 진행을 도왔다. 아이들은 자신이 좋아하는 캐릭터를 흙에 그리거나 마그네틱 판 형태를 만들었다. 색상을 입히고 싶은 아이들은 어느 새 강사님을 따라 채색작업까지 시작했다. 도자기 화분을 만드는 친구는 코일링 기법부터 다양한 부조 장식까지 정성스레 공을 들였다. 세 명의 학생당 한 명의 강사가 배정되어 함께 제작 활동을 도와주셨다.

도자기 제작을 마무리하고 자리를 정리하던 중 뒤에 있던 내게 재윤이가 슬쩍 말을 건넨다.

"선생님, 저는 도자기 굽는 사람이 있는 줄 몰랐어요. 도자기 굽는 직업을 오늘 처음 알았어요. 도자기는 주방용품인 줄 알았는데 예술 작품이라니 신기해요."

재윤의 말에 나는 오늘의 활동 수업을 다시 돌아보게 되었다. 미술이라는 진로와 직업에 대해 직접 체험하는 활동을 통해서 미약하나마 무한한 미술의 영역을 조금 더 쉽고 명확하게 전달할 수 있지 않았나 하는 뿌듯한 마음이 들었다. 지역사회의 체험 교육 덕분에 재윤의 배움이 한 뼘 더 자랐고, 나 또한 교육의 방향을 다시 생각해 볼 수 있었던 소중한 기회였다.

공예의 도자기라는 영역을 교과 지식으로 배우고 지역사회 자원을 활용하여 직접 체험한다면 지식의 연계망을 넓힐 수 있다. 단절적인 지식의 분야에서 내가 사는 곳의 문화 자본을 활용한다면 더욱 실제적인 배움의 의미를 알 수 있지 않을까. 아이들이 학습한 내용을 생활 속에서 유용하고 창의적으로 활용할 수 있다면 배움 너머 교육의 의미를 바르게 찾아가고 있음을 의심치 않는다.

따라서 다양한 배움의 영역을 연결하여 하나의 지식망을 만들어 가는 아이들에게 삶의 영역을 잊지 않도록 해야 한다. 이렇게 축적된 지식망이 아이들의 생활 속에서 더욱 원활하게 활용될 수 있도록 학교 밖의 다양한 문화 자본을 활용해야 한다.

물론 학교 밖의 예기치 않게 해결해야 하는 수많은 문제로 인해 아이들이 당황할 수도 있다. 실제로 맞닥뜨리는 문제 앞에서 아이들이 피하거나 뒷걸음치지 않도록 방향과 방법을 안내해 주는 것이 우리 교사의 본분이라 생각한다. 지금 학교는 문을 열고 아이들이 배움 너머를 볼 수 있는 능력을 갖추도록 새로운 길을 모색해야 할 때이다. 그 길에서 우리는 배움과 협력, 소통을 통해 우리가 지나왔던 수많은 발걸음을 남기고, 그 고민의 흔적이 아이들에게 삶의 여러 방향을 제시해 줄 것이다.

배움의 시선 7

소 통

체육이 말을 걸다

“경험이 곧 배움은 아니다. 경험한 것을 ‘회고’하는 것이 진정한 배움이다.” 진정한 배움을 위해서라면 체육 수업을 통해 많은 경험만 제공하는 게 아니라, 수업 과정에서 아이들과의 소통에 귀 기울이자. 배움은 관계에서 시작한다. 관계는 소통에서 시작한다. 소통은 말로, 표정으로 나눈다. 자신의 경험을 친구들과 나누며 회고하기 위한 가장 기본적이면서 필수적인 대화, 체육 수업에서 오고 가는 아이들의 다양한 말을 통해 아름답게 성장하고 있는 다정한 시선을 기억하자.

손지영

중등 교사 10년 차 체육 교사, 현재 부천 도당중학교에서 근무하고 있다. 경기도 〈좋은체육수업나눔연구회〉와 〈체육정책실행연구회〉 연구위원으로 활동하며 건국대 교육대학원에서 혁신교육을 공부하고 있다.
혁신교육 동아리인 '무지개' 회원으로 활동, 2021년 경기도인성교육실천사례연구대회에서 교육감상을 수상하였다. "체육이 최고지영!"이라는 구호 아래 아이들이 마음껏 소통하고 마음껏 배울 수 있는 체육 수업을 실천하고자 한다.

1번 track - 괜찮다는 말

"괜찮아! 못해도 돼. 최선을 다해서 집중해."

학생들은 항상 잘해야 한다는 강박증이 있다. 잘하는 것만 보여주고 싶어 한다. 못해도 되는데, 못하는 것이 당연한데도 말이다. 단계적으로 난이도 있는 과제를 제공할 경우 아이들에게서 실패를 두려워하거나 포기하는 모습을 종종 발견한다. 그냥 가벼운 마음으로 도전했다가 성공한 아이들이 환호성을 지르면 그제야 시도하고 연습한다.

지금까지의 수업이 기능의 능숙함으로 귀결되었기 때문에 아이들은 지레 겁을 내는 것 같다. 그래서일까. 아이들은 체육도 미리 예습하고 싶어 한다. 다른 교과도 마찬가지일 것이다. 미리 배운 영어단어가 수업 시간에 나온다면 좀 더 여유를 느낄 수 있는 것처럼 체육 과목도 사전 경험 여부에 따라 학생들의 수행 차이가 있다.

학교 스포츠클럽, 체육 방과 후 수업, 체육 장르 꿈의 학교, 스포츠 사교육 등등 확실히 이러한 경험을 사전에 했느냐 아니냐에 따라서 체육 수업의 출발선이 다르다고 할 수 있다. 모든 아이가 같은 출발선에서 시작할 수 있도록 스케이트보드, 넷볼 등 다수가 경험하기 힘들었던 뉴스포츠 종목으로 수업을 구성하고 싶을 때가 있었다.

뉴스포츠는 일반적으로 클래식 스포츠의 변형 경기인 경우가 많다. 그럼에도 불구하고 나는 아이들이 클래식 스포츠를 온전히 경험하길 바란다. 변형 경기에서는 느낄 수 없는 클래식만의 매력이 있기 때문이다. 배구의 변형 경기인 바운드 배구를 생각해 보자. 배구 경기가 재밌는 이유는 공이 경기장에 떨어지기 전에 선수들이 몸을 날려 공을 살리는 노바운드 규칙이 있기 때문이다. 기능이 떨어지는 학생들의 경기 수행을 위해 규칙을 변형하여 바운드를 허용해 줬는데, 바운드 배구가 어느 정도 진행되면 경기 분위기가 느슨해진다.

아이들이 흥미를 잃는 동시에 바운드에 익숙해져서 노바운드 경기로의 전환이 어렵다. 학생들의 흥미를 위한 규칙 변형이 오히려 역효과를 얻게 되는 것이다. 패스 연습 시 징검다리 과제로서 바운드를 허용하게 해주고, 결국 노바운드 패스를 수행할 수 있도록 하는 것이 배구라는 스포츠를 온전히 즐길 수 있게 하는 방법이다.

이런 이유에서 뉴스포츠를 활동 수업으로 선택하기에는 매우 조심스럽다. 그리고 교육과정을 재구성하는 데 있어서 체육 교과 특성상 꼭 고려해야 할 점이 바로 학교 시설과 환경이다. 사용 가능한 시설을 학년별로 조율하다 보면 한정적인 활동으로 수렴된다. 클래식 종목이면서 시설까지 고려해야 하므로 정말 복잡하다.

그런데 우리 도당중학교만이 가진 특별한 시설이 있다. 바로 10미터 공기권총 경기장이다. 실제 총기를 이용하고 게다가 실탄으로 정식 경기를 할 수 있는 최고의 시설이다. 사대가 30번까지 있을 정도로 큰 규모와 공간을 자랑한다. 학교 운동부인 사격부 덕분에 체육과가 누릴 수 있는 일종의 특혜라고나 할까.

지금까지 10미터 공기권총을 개인적으로 경험해 봤다는 학생을 단 한 번도 본 적이 없다. 그야말로 사전 경험의 출발선이 같다는 여건에 부합되었다. 사격이라는 생소한 종목에 대한 학생들의 호기심도 충분했기에 이미 동기부여도 충족했다.

사격은 기록 도전 영역에 속한다. 결국에 사격이라는 스포츠는 '기록'으로 자신의 연습 과정을 보여줄 수 있는 종목이다. 좋은 기록을 위해서는 체력, 집중력, 조준의 능숙함, 문제 해결 능력이 종합적으로 요구된다. 모든 스포츠의 매력이 일맥상통하지만, 사격이 가진 가장 큰 매력은 자신이 조절한 대로 수행의 결과를 맛볼 수 있다는 것이다.

무엇보다 모든 학생이 처음 해보는 것이기에 못 해도 괜찮다는 사실이 가장 큰 매력으로 다가왔다. 모두가 처음이라서 그런지 아이들은 예상치 못한 질문을 거리낌 없이 한다. "이건 뭐예요?"라는 기초적인 질문부터, "찌그러진 실탄은 어디로 가져가요?"와 같은 돌발 질문까지 때론 진지하게 묻고 호기심 가득한 또랑또랑한 눈빛으로 나의 대답을 기다린다.

다른 종목 수업에서는 친구들이 아는 것을 자신만 모른다고 생각해서인지 질문도 하지 않는다. 이 와중에 어떤 아이들은 심지어 아는 척을 하며 나서기도 한다. 누구나 처음이라 못해도 상관없는 종목이 가져다주는 허용적인 분위기 덕분에 아이들이 마음껏 질문하는 모습이 보기 좋다. 사격 수업을 할 때면 아이들에게서 '맑고 순수한 배움' 그 자체를 발견한다.

사격은 다른 신체 활동과는 다르게 동작을 멈추고 고정하는 '정지력'이라는 기초 체력을 바탕으로 한다. 큰 가동범위로 움직이는 종목이나 적극적으로 자신의 의견을 발표하는 대부분의 학교 교육의 활동과는 정반대의 수행과제로 구성되어 있다. 신체를 일정한 각도로 유지하기 위해서는 말도 삼가야 하고 비록 짧은 찰나이기는 해도 일정 시간 호흡도 멈추고 몸을 고정해야 한다.

그래서 소극적인 학생들이나 체력이 약한 학생들도 충분히 고득점을 획득할 수 있다는 매력도 있다. 정지력 향상을 위해서 아령을 어깨높이로 들고, 팔꿈치를 편 상태를 유지하며 버티는 연습도 한다. 처음 정지력 훈련을 할 때면 학생들의 팔이 부들부들 떨린다. 힘이 들지만 매일 반복하는 훈련을 통해 단련된 근력이 있어야만 흔들거리지 않고 고정할 수 있음을 학생들도 이미 알고 있다.

"그 누구도 아닌, 너희 스스로만 조절할 수 있다는 것! 선생님도 말로만 안내해 줄 수 있을 뿐, 결국 수행하는 것은 너희의 몸이다."

사격 경기를 할 때 취할 수 있는 멋진 자세도 공유한다. 조준을 위해 한쪽 눈을 감고 약간 찡그리는 표정, 호흡의 일시 정지, 격발 후 동작을 잠시 멈추고 결과를 확인하는 과정, 표적지가 스르륵 나에게로 올 때 가운데 뚫린 구멍 사이로 사격장의 조명이 비칠 때의 소름, 그 무엇보다 최소한의 움직임을 막기 위해 왼손은 바지 주머니에 넣는 프로의 자세까지, 사대에 서서 자신이 사격을 수행하는 모습을 상상하라고 하면 아이들의 입꼬리가 올라가며 입술 사이로 반짝거리는 이가 드러난다.

나는 그 표정이 참 좋다. 아이들이 멋진 자세로 사격을 하면서 스스로 멋지다고 생각하면 좋겠다. 집중해서 수행하고, 결과가 안 좋다면 이유를 분석하고 개선하고자 노력하는 사격 경기의 프로세스가 아이들의 삶에도 그대로 적용되기를 바란다.

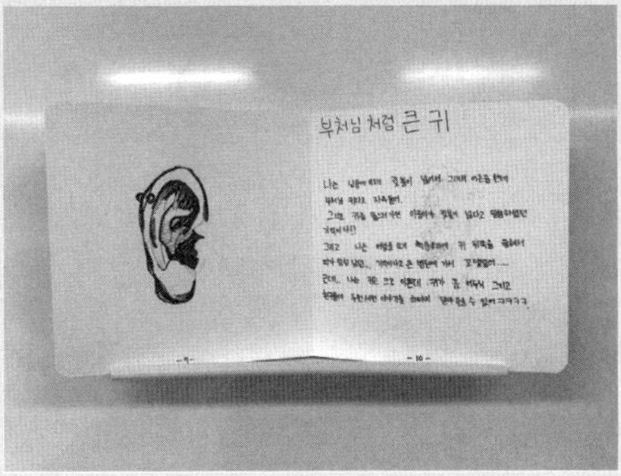

나는 그 표정이 참 좋다. 아이들이 멋진 자세로 사격을 하면서 스스로 멋지다고 생각하면 좋겠다. 집중해서 수행하고, 결과가 안 좋다면 이유를 분석하고 개선하고자 노력하는 사격 경기의 프로세스가 아이들의 삶에도 그대로 적용되기를 바란다

안간힘을 썼지만, 결과가 좋지 않아 속상해 하는 학생에게 "잘하려고 온몸에 너무 힘이 들어가서 그래. 하나씩만 신경 써 봐. 이번엔 팔꿈치에만 힘을 줘. 다음에는 어깨까지. 너무 잘하려고 하지 마!"라고 격려하면 우리의 청개구리들은 더 잘하려고 자신의 동작에 집중한다.

"못해도 괜찮아. 근데 처음보다 진짜 나아졌다!! 솔직히 너도 그렇게 생각하지?"

나의 칭찬에 뿌듯해 하며 한 손엔 신발 가방, 한 손엔 표적지를 들고 신나게 교실로 향하는 아이들의 뒷모습이 그 어느 때보다 귀엽다.

2번 track - 좋아한다는 말

"저는 체육 쌤이 좋아요."

"쌤! 저는 체육 하려고 학교 와요."

아이들에게서 좋아한다는 말을 들으면 설렌다.

"고마워, 쌤도 너 좋아해. 체육도 널 좋아하는 것 같아."

이렇게 아이들에게 대답하면서 동시에 부담감과 책임감을 느낀다. 학생들을 더 신나게 움직이게 하고 싶고, 그 움직임이 의미 있길 바란다. 아이들이 좋아하는(like) 체육 시간, 더 좋은(good) 수업으로 만들려면 어떻게 해야 할까. '좋은 체육 수업'을 고민하던 나는 우선 아이들이 체육을 좋아하는 이유에 대해 생각해 보았다.

첫 번째 이유는 '교실에서 벗어난 해방감'과 '신체 활동 욕구 해소'

일 것이다.

등교 이후 교실에 앉아 있는 시간이 절대적으로 많은 아이들은 좁은 교실에서 벗어나 넓은 공간의 자유로움을 느낀다. 체육 시간에는 줄 맞춰 배열된 책상도 없으니 트인 공간에 나온 것만으로도 해방감이 들 것이다. 친구들과 크게 이야기할 수도 있다. 아니, 목소리를 크게 해야만 대화가 가능한 공간이다 보니 자신도 모르는 생활 근육의 움직임들이 활력을 자극하여 아이들에게 상쾌함을 느끼게 한다.

생각해 보자. 일요일이면 출근도 안 하고 누워서 텔레비전만 보며 시간을 보내는데도 오히려 하루를 마무리하는 순간이면 더욱 피곤함을 느끼지 않는가? 스스로 움직여서 땀을 흘려 본 사람만 알 수 있는 개운함에 공감할 것이다. 아이들은 체육관이나 운동장으로 이동하는 작은 움직임부터 시작해서 수업 시간에 이루어지는 신체 활동 덕분에 기분 좋은 쾌감을 얻는다. 그 쾌감이 바로 체육을 좋아하게 만드는 가장 기본 요소일 것이다. 이처럼 움직임은 활력을 가져다준다.

두 번째 이유는 '작은 성취감'일 것이다.

준비운동을 시작으로 신체를 이용한 여러 동작을 시도하는 동안 즉각적으로 자신의 수행을 확인한다. 이때 해냈다는 감정은 별 것 아니지만 내 몸을 움직여서 작은 과제를 수행해 냈다는 점은 중요하다. 엄청난 칭찬을 받는 것은 아니라도 가벼운 엄지 척으로 교사에게 인정받고, 이런 작은 성취감이 모여 긍정적인 감정을 만들어 낸다.

긍정의 감정이 하루하루 켜켜이 쌓여 간다면 바로 자존감으로 이어질 것이다. 교사는 이런 프로세스를 의도적으로 설계하고 체육 시간을 의미 있게 이루어질 수 있도록 책임져야 한다. 내게는 아이들의 하루에서 체육 시간만큼은 성취감을 맛본 후 교실로 돌려보내야 한다는 사명이 있다.

반대로 체육을 좋아하지 않는 학생들은 무슨 이유로 싫어하는지, 과연 체육 시간에 어떤 느낌이 들지도 생각해 보았다. 단순히 신체 활동을 싫어할 수 있다. 또 체육복을 갈아입기 귀찮을 수 있다. 넓은 공간에서의 해방감보다 어찌해야 할지 몰라 느끼는 당혹감, 친구들의 무질서로 인해 어수선한 느낌을 받을 수 있을 것이다. 물론 체육을 좋아하는 나로서는 감정이입이 어렵지만, 개인의 성향을 존중하기 때문에 체육 교과에 대한 불호의 마음도 진심으로 존중한다.

그렇다면 교과를 떠나 아이들이 학교생활에서 가장 좋아하는 건 무엇일까? 그 요소를 체육 시간에 담아낼 수 있다면 체육 과목을 좋아하는 학생들이 더 많아지지 않을까? 노는 것을 좋아하는 아이들이 교사에게 요구하는 것은 '자유 시간'이다.

아이들은 단순히 "자유 시간 좀 주세요"라고 한다. 그 면면을 들여다보면 자율성을 가져본 경험이 많지 않다는 것을 알 수 있다. 실제로 수업에서 학생 스스로 하고 싶은 것을 선택할 기회를 만나기 어렵고, 다양한 선택 지도도 드물다.

만약 아이들이 수업 시간에 자율성과 선택권을 조금이라도 경험할 수 있다면 우리는 어떤 수업 장면을 마주할 수 있을까? 수업에 대한 집중으로 아이들의 입은 앙다물려 있고 눈빛은 호기심으로 반짝이는 모습을 충분히 상상할 수 있다. 자신들이 하고 싶은 것을 선택했기에 배움의 동기가 충분한 상태이기 때문이다. 이는 교육 활동에 대한 집중과 몰입을 동시에 경험하면서 아마도 미치도록 행복한 자신[26]을 만날 수 있을 것이다. 그렇다고 아나공 수업[27]은 하고 싶지 않다. 교육은 교사의 의도가 있는 계획적인 행위이기 때문이다.

이러한 사유의 흐름을 통해 내가 정의하는 좋은 체육 수업이란 학생들이 '스스로 이끌어 나가며 수행했다는 착각'을 하게 만드는 구조화된 수업이다. 나 혼자 좋은 체육 수업을 구조화하기 위해 고민하고 설계하는 데는 많은 한계가 따랐다. 우리 학교의 좋은 점(혁신학교의 좋은 점이라고 하고 싶지만, 성급한 일반화의 오류일지도 모르니)은 열린 마음으로 함께할 수 있는 동료 교사 찬스가 아니겠는가! 3학년 수업을 함께 하는 국 선생님에게 도움을 요청했다.

다행히 나와 국 선생님은 가치관의 방향이 같았다. 아이들에게 기능만 알려주고, 기능만 평가하고, 기능만 성장하는 교육을 지양한다는 점이 비슷했다. 그리고 경기를 통해 승패만 기록하는 결과형 수행평가에 치중될 수밖에 없는 점이 항상 마음이 불편했다는 사실에 크게 공감하였다.

체육 그 자체를 배우는 게 아니라, 체육을 통해 삶의 역량을 키워줄 수 있는 수업을 설계하고 싶었다. 국 선생님과는 여름방학 동안 자율연수에 참여하면서 많은 대화를 나누었다. 그리고 아이들이 원하는

◆

26 미하이 칙센트미하이, 『몰입, 미치도록 행복한 나를 만난다』, 한울림, 2004.

27 '아나, 공이나 갖고 놀아라.'라는 사투리를 따서 부르는 학생 자율성 최대 보장, 교사 방관형 수업의 극단적 형태

배드민턴을 온전히 경험할 수 있도록 한 학기 동안 긴 호흡을 갖고 실천하기로 했다.

평가 기준도 수행 가이드의 역할을 할 수 있도록 체크리스트로 활용하였다. 얼마나 능숙하게 잘하는지가 아니라 꼭 학습해야 할 것을 수행했는지를 확인하는 목적으로 사용했다. 자신의 수행을 스스로 확인할 수 있도록 기회를 제공하자, "이럴 땐 어떻게 해야 해요?"라고 적극적으로 질문하는 학생이 생겼다. 가르쳐주지 않은 것을 한발 앞서 질문하는 학생들을 발견하게 된 것이다. 그동안은 내가 먼저 동작을 알려주면 아이들이 연습하는 수업이 전부였는데 말이다. 문득 당황스러우면서도 기분 좋은 소름이 끼쳤다. '이것이 바로 배움이라는 것이구나!'라는 깨달음을 느낀 순간이었다.

아이들은 체크리스트를 확인해 가면서 자신의 부족한 점을 파악하고 스스로 개선하기 위해서 열심히 노력했다는 사실에 나름대로 자부하는 눈치였다. 그리고 덧붙이길 배드민턴이 더 좋아졌다고 말했다. 스스로 해냈다는 자각에 신이 나 있는 아이들을 보면서 나 또한 대견하고 뿌듯했다. 나의 전략이 통했다는 통쾌함이랄까.

나는 운동이 좋다. 요즘은 자연을 느끼며 몸을 움직이는 등산이 제일 좋다. 체육관 나무 바닥과 운동화 고무 밑창의 마찰음 소리도 좋다. 운동하면서 다른 사람들과 함께하는 따뜻함을 느끼고 활력을 얻는다. 아이들도 친구들과 운동으로 시간을 보내면서 활력과 긍정적인 에너지를 얻기를 바란다. 내가 좋아하는 것을 누군가도 좋아하는 것, 그것을 서로 알아차렸을 때 느껴지는 충만한 마음이 있다.

체육을 좋아하는 나의 모습을 아이들이 좋아해 준다. 나의 진심을 담은 수업 속에서 아이들도 진지한 태도로 참여한다. 그 과정에서 성장하는 아이들의 모습에 자극을 받아 나는 더 좋은 체육 수업을 고민하고 연구한다. 교사와 학생이 함께 성장한다는 것이 바로 이런 것이 아닐까?

"쌤도 체육 시간 너희의 표정, 움직임, 웃음소리. 모두 좋아해. 엄청 엄청 좋아해!!"

3번 track - 짜릿하다는 말

"앗, 쌤! 저 지금 닭살 돋았어요! 소오름~!!"

체육 교사로서 보람된 순간은 아이들이 스포츠를 통해 짜릿함을 느끼는 순간이다. 그 표정을 보고 있으면 뿌듯함을 넘어서 소름이 끼친다. 도당중학교 아이들의 뿌듯하고 짜릿하고 쾌감 최고조의 순간을 기억해보았다.

PAPS[28] 순발력 측정을 위해 50미터 달리기를 하는 날이었다. 단거리 달리기에 자신 있는 영철이는 신발까지 벗어가며 여러 번 측정했다. 순발력은 짧은 시간에 폭발적인 힘을 내는 능력이기 때문에 여러 번 측정할수록 힘이 빠져서 사실 두 번만 측정한다. 하지만 영철이는

◆

28 PAPS(Physical Activity Promotion System) 학생건강 체력평가제

끝까지 도전하고 싶어 했다. 나도 자신이 원하는 기록이 나올 때까지 계속 시도하는 영철이를 말리지 않았다. 말려도 계속 달릴 것 같았기 때문이다.

결국 원하는 기록을 달성하지는 못했지만, 영철이는 마지막에 구멍이 난 양말을 나에게 달려와서 자랑했다. 힘이 다 빠져 아스팔트 바닥에 털썩 앉아서 씩 웃는 영철이의 표정은 최선을 다한 후의 일말의 미련도 남지 않은 후련한 표정이었다. 이 순간을 잊고 싶지 않아 '하나~ 둘~ 셋!'이라고 외치면서 사진을 찍었다. 땀으로 젖은 앞머리를 뒤로 살짝 넘기며 웃느라 작아진 눈, 힘이 빠져 아래로 처진 자연스러운 어깨, 구멍 난 양말까지도 영철이의 모습은 쾌남 그 자체였다. 정리운동을 하려고 자리에서 일어났을 때 영철이가 앉았던 바닥은 예쁜 하트모양의 땀으로 물들어 있었다.

진성이는 힘이 좋은 학생이다. 신체 조건도 남다르고 근력도 뛰어나다. 친구들과 가까운 거리에서 플라잉디스크[29]를 주고받을 때는 답답함을 느끼는 것 같더니 멀리 던지기를 한다고 하니 신이 난 모양이었다. 진성이는 자신 있게 플라잉디스크를 잡고 도움닫기까지 하면서 있는 힘껏 던졌다. 모든 스포츠가 그러하듯 힘이 들어가면 생각보다 엉뚱한 결과가 나온다. 진성이도 너무 힘을 주는 바람에 플라잉디스크를 던지는 타이밍을 놓쳐서 완전히 다른 방향인 2층 창가 테라스로 날아가 버렸다.

◆

29 플라스틱 재질로 된 원반

2층 테라스로 날아간 플라잉디스크를 꺼내려면 창문을 넘어가야 했다. 아이들의 안전을 위해서 내가 직접 꺼내 줘야 했다. 웃으면서도 약간 민망해 하는 진성이에게 "이 웬수야~ 쌤이 2층에서 던질 테니까 받아!"라고 외치며 테라스로 올라간 나는 멀리 떨어진 진성이를 향해 던졌다. 사실 꽤 먼 거리였기에 바닥에 떨어지면 진성이가 주워서 정리하리라 여겼다.

그런데 놀랍게도 진성이는 빠른 속도로 날아오는 플라잉디스크를 단번에 한 손으로, 그것도 엄청 멋진 자세로 받는 게 아닌가. 진성이도 놀랐는지 그 자세 그대로 고개만 돌려 동그란 눈으로 나를 쳐다봤다. 엄지 척을 날려주니 진성이는 씩 웃음을 날렸다. 당황스러운 표정에 걸맞지 않은 위풍당당한 자세가 어찌나 귀엽던지.

그다음부터 진성이는 플라잉디스크가 잘 안 잡혀도 계속 한 손으로 잡으려 노력했고 그 순간을 재연하고 싶은 듯했다. 의도치 않았지만, 체육의 짜릿한 맛을 봤던 진성이는 앞으로 그 멋진 쾌감을 동력으로 더 멋진 체육인이 되리라 확신했다.

배드민턴을 할 때면 반드시 거쳐야 하는 힘든 과정이 있다. 올바른 그립 법을 익히기 위한 손목 강화 훈련과 하이클리어 자세 연습이다. 지루하더라도 기본 기능 연습을 반복해야 한다. 아이들이 영혼 없이 수행하는 느낌이 들면 수업이 끝나기 전 미니 경기를 치른다. 경기가 끝난 후에는 꼭 묻는다.

"오늘 연습한 하이클리어 자세를 적용해 본 사람? 셔틀콕과 라켓이 만날 때 '땅!' 소리를 만들어 낸 사람?"

몇몇 아이들이 손을 든다. 자신이 연습한 동작을 적용하여 수행했는지 확인하거나 정확한 느낌으로 피드백을 주면 아이들도 감각적으로 수행 동작을 느낀다. 지겹고 힘든 반복 훈련 중에도 라켓과 셔틀콕의 정확한 임팩트가 만들어 내는 청량한 소리를 들을 때의 그 순간이 바로 배드민턴의 소름 포인트다.

"그거야, 지금 그 소리! 지금 그 손에 느껴지는 느낌, 잊지 마~!!"

표현활동 중에 커버댄스[30]를 조별 영상으로 촬영하여 제출하는 과제를 제시했다. 30초 정도의 짧은 커버댄스였지만 리듬을 나누고, 동작을 분석하고, 동선을 맞추고, 역할을 분담하여 하나의 작품을 만드는 것은 꽤 공이 드는 일이다.

동작을 분석하면 아이들은 과제를 거의 다 마쳤다고 생각한다. 그럴 때 나는 휴대 전화로 아이들의 수행 장면을 촬영하여 보여준다. 그러면 아이들은 굉장히 어수선한 모습에 충격을 받는다. 같은 동작이라도 팔다리의 각도가 제각각 다르고 방향도 다르다는 걸 스스로 발견한다. 같은 동작을 여럿이 함께할 때 박자와 각도가 똑같지 않으면 더욱 산만하게 느껴진다.

'함께 만들어 내는 짜릿함'. 조별 커버댄스를 제시한 이유가 바로 이것이다. 자신은 유연하게 동작을 잘 해낼지라도 같은 조원이 따라오지 못하면 동작의 난이도를 낮춰야 해서 '마음 내려놓기'를 할 수밖

◆

30 특정 춤을 습득하여 그대로 모방해 추는 춤

에 없다. 반대로 동작이 뻣뻣한 아이들도 최선을 다해서 조원과 함께 리듬을 타고 박자에 따라 각도를 맞출 수 있도록 노력해야 한다. 비록 시간이 걸리고 힘들지만 '칼박, 칼각'을 만들어 냈을 때, 발을 내딛는 소리가 딱딱 맞을 때, 그럴 때 느끼는 쾌감이야말로 표현활동이 주는 최고의 성취감이다.

짜릿한 순간은 혼자 체력운동을 할 때도 찾아온다. 꾸준한 연습과 훈련은 목표 체력의 향상이라는 결과를 가져온다. 지식 없는 메타인지[31]를 기대하기 어려운 것처럼 체력과 기능이 없는 경기 수행은 불가능하다. 연습과 훈련 자체는 끈기를 갖고 극복해야 할 대상이지만 친구들과 즐거운 '경기'를 하기 위해 꼭 필요하다는 걸 체감하는 순간, 아이들의 눈빛은 돌변한다. 이를 꽉 깨물고 인내하며 연습한다. 그리고 경기에 지더라도 자신이 연습한 것을 적용했다는 사실만으로도 뿌듯해서 기본 운동에 더욱 집중한다. 이처럼 건강 영역보다 경쟁 영역의 수업을 할 때 몰입과 짜릿함을 느낀다.

교육 내용을 선택할 때 학교는 의도적으로 '경쟁'의 키워드를 거부하려는 경향이 있다. 입시제도 자체가 서열화에 따른 경쟁체제이기 때문에 그런지 경쟁이라는 단어에 불편함을 느끼고 회피하려고 한다. 체육교과 활동에서 짜릿함과 활력을 느끼는 요인은 '경쟁'의 특성에서 비롯된다. 우리는 경쟁으로 자신의 장점을 발현할 수 있고 각자 가능성을 발휘할 수 있다. 누구나 잠재적 능력과 중요한 재능을 찾아 독자

◆

31 박제원, 『미래 교육의 불편한 진실』, EBS BOOKS, 2021.

누군가가 승리하면 누군가가 지는 것이 아니다. 개성을 서로 존중하고 각자의 과제에 도전하면 거기에는 '각자의 승리'가 있는 것이다. '자신의 힘'을 최고로 끌어내기 위한 경쟁. 체육이 가진 가장 큰 특성이 바로 이런 경쟁에서 오는 자기다움이 아닐까? 오늘도 나는 체육 수업을 하면서 아이들과 함께 짜릿함의 순간을 기다린다.

적으로 사회에 공헌할 수 있다면 승패는 문제가 되지 않는다.

'앵매도리(櫻梅桃梨)'라는 말을 좋아한다. '벚꽃은 벚꽃, 매화는 매화, 복숭아꽃은 복숭아꽃, 자두꽃은 자두꽃의 모습 그대로 각각 개성을 발휘하며 열심히 앞다투어 꽃을 피운다. 그것이 아름다운 꽃밭을 만든다.'[32] 라는 말이다. 벚꽃은 아무리 아름다워도 복숭아꽃이 될 수 없으며 그럴 필요도 없다. 각자 개성을 꽃피우며 최선을 다해 자기답게 힘껏 피워 가면 되는 것이다.

누군가가 승리하면 누군가가 지는 것이 아니다. 개성을 서로 존중하고 각자의 과제에 도전하면 거기에는 '각자의 승리'가 있는 것이다. '자신의 힘'을 최고로 끌어내기 위한 경쟁. 체육이 가진 가장 큰 특성이 바로 이런 경쟁에서 오는 자기다움이 아닐까? 오늘도 나는 체육 수업을 하면서 아이들과 함께 짜릿함의 순간을 기다린다.

"(입이 찢어질 듯한 미소를 머금고 아무 말 없이 아이들을 향해 코를 찡긋하며) 크으~!!(엄지 척)"

4번 track - 마지막이라는 말

"하나만 더! 마지막이야~!!"

"마지막 점수! 매치포인트! 끝까지 집중해!"

◆

32 이케다 다이사쿠 외, 『인간교육을 위한 새로운 흐름』, 매일경제신문사, 2019.

"끝날 때까지 끝난 것 아니야! 멘탈 잡아~!"

겨울 방학이 끝나고 새 학년을 맞이한 아이들은 체력이 떨어진 상태로 새 학기를 시작한다. 그래서 첫 활동은 체력운동과 더불어 PAPS를 시행한다. PAPS는 학생건강 체력평가제로 옛날 체력장과는 다르게 아이들의 건강 체력(심폐지구력, 근력 및 근지구력, 유연성, 순발력, 체지방)을 점검하고, 추가 프로그램을 제시하여 건강 체력을 향상하는 목적으로 의무 시행한다.

나는 꼭 학기 말에 50m 달리기, 윗몸 말아 올리기[33]를 측정하여 아이들이 자신의 체력을 스스로 체감할 수 있도록 한다. 직접 해보는 것이 가장 직관적이기 때문이다. 측정 전과 후로 아이들의 모습은 완전히 다르다. 측정 전에는 별 것 아니라는 듯이 당연히 1등급 기준을 넘을 거라면서 자신만만하게 시작한다.

특히 왕복 오래달리기, 윗몸 말아 올리기를 측정하는 날은 고통스러운 비명과 거친 숨소리만 들린다. 아이들 스스로 큰소리를 쳐서 그런지, 할 수 있는 만큼 끝까지 버틴다. 이런 모습들이 정말 기특하고 대견하다.

보통 2인 1조로 측정하는데, 같은 조 친구가 만점 기준 개수를 얘기하면서 조금 더 힘내라고 격려하면서 응원의 손뼉을 친다. 넌 할 수 있다면서 옆에서 같이 뛰어주기도 한다. 마치 국가대표 코치처럼 독려하는 모습이 귀엽다. 보고만 있어도 힘이 나는 장면이다.

◆

33 복부의 근력·근지구력을 측정하는 종목

개인적으로 체력운동만 '평가'하는 수업을 지양하고 싶다. 전에는 체력 요소야말로 노력한 만큼 향상할 수 있기 때문에 성장평가가 가능하다고 판단했다. 그리고 아이들의 노력과 향상도를 반영하려고 결과평가를 여러 번 실시하였다.

과연 결과평가를 여러 번 하는 것이 아이들의 성장을 적절하게 표현할 수 있는 것일까? 체력운동을 한 학기 동안 열심히 연습하고 학기말 평가를 딱 한 번 시행했을 때도 똑같은 의문이 들었다. 평가의 횟수가 늘어났지만 똑같은 지점에서 같은 질문을 하게 되었다. 전학공과 체육과 협의를 통해 얻은 나의 의문은 결론적으로 '기능만 평가하는 것에 대한 문제 제기'였다.

심동적, 인지적, 정의적 영역을 고루 발달시키는 체육활동을 계획하고 실천하지만, 평가는 기능 부분에서만 이루어졌던 나의 수업을 성찰할 수 있었다. 물론 체력운동 수행 과정에는 포기하지 않는 인내심, 꾸준히 실천하는 지속성, 자신의 체력 수준을 파악하고 향상하려는 문제해결력 등의 인지적, 정의적 영역이 포함된다. 하지만 오로지 체력운동의 수치적 결과로는 학생들의 전인적인 성장을 파악하기 어렵다.

평가의 기능은 아이들이 제대로 학습했는지를 확인하는 데 있다. 여기서 강조하고 싶은 점은 '제대로 학습했는가'라는 것이다. '얼마나 잘하는가?'라는 능숙함이 아니라 학습 목표의 도달점을 확인하는 기능으로 평가를 활용하면 되는 것이다. 다시 말해서 학습의 도달 여부를 판단할 수 있는 체크리스트로서 평가가 기능한다면 진정한 과정

중심평가, 성장중심평가라는 결론에 이르렀다.

체크리스트 항목은 반드시 아이들의 수행을 통해 확인할 수 있는 신체 활동을 포함하여 구성해야 한다. 신체 활동은 체육교과의 기본이자 가장 큰 특성이다. 물론 지필 평가나 논술형 평가로 인지적인 부분을 평가할 수 있지만, 앎과 동시에 수행도 가능해야 체육이 완성될 수 있기 때문이다. 자신의 몸으로 직접 실천해 보지 않았다면 과연 완전한 배움이 일어났다고 볼 수 있을까? 체육을 통해 아는 것을 수행해 보고 수행을 통해 느끼며 배워야 한다. 배움과 행동이 일치했을 때 배움과 삶이 연계될 수 있을 것이다.

또한 평가의 최종 기한은 정해 두되, 평가 기회는 제한 없이 최대한 많이 제공해야 한다. 예를 들어 '배드민턴 서브하는 위치의 정확성'을 평가하는 수행평가의 목적은 '배드민턴 경기를 시작할 수 있는 최초의 기능 수행 여부'를 확인하기 위함이다. 서브는 배드민턴 경기 운영의 극히 일부의 기능일 뿐이다.

그런데 서브 평가에 두 번의 기회를 제공하고 수치화한 결과를 갖고 학생들의 배드민턴 경기 수행의 전반적인 부분을 평가하는 것은 성급한 일반화의 오류일 것이다. 두 번의 서브 평가에서 최하점을 받았을지라도 점심시간이나 주말에 배드민턴을 치면서 정확한 서브를 구사하고 운동하는 습관이 생겼다면 그야말로 제대로 된 배움이 진행되고 있다고 볼 수 있으니 말이다.

잠정적인 나의 결론은 '스포츠 경기'를 통한 전인적인 성장을 도모해야 한다는 것이다. 경기를 온전히 수행하기 위해서는 기본 체력, 기

초 기능, 전략 이해, 팀원과의 의사소통 등을 경험하고 내면화해야 한다. 그러므로 한 학기 동안 여러 종목을 선택해서 단기간 학습하는 수업의 구조로는 불가능하다.

한 학기에 2~3종목을 선택하는데, 이렇게 해서는 기능만 학습할 수밖에 없고 기능만 평가할 수밖에 없다. 심지어 기능도 제대로 학습하기 어렵다. 최소한 한 학기 정도 학습한 후, 아이들끼리 경기를 치를 수 있는 정도가 되어야만 체력, 기술, 경기운영, 대인관계 능력의 통합적인 배움을 구조화할 수 있을 것이다.

예전에는 다양한 종목을 맛보기로 경험하는 것도 배움의 일종이라고 생각했다. 새로운 경험의 노출이 중요하다는 이유에서였다. 다양한 종목을 경험해 보고 아이들의 선택으로 평생 스포츠를 이어 나갈 수 있도록 하는 것도 의미 있다고 생각했다.

"경험이 곧 배움은 아니다. 경험한 것을 '회고'하는 것이 진정한 배움이다." 지난 2월 참가한 워크숍에서 '혁신학교-배움의 본질'에 대해 들은 내용이다. 이 문구를 통해 본질을 잃고 있었다는 깨달음을 얻었다. 따라서 올해 내가 중점적으로 적용했던 것이 바로 '회고'의 과정이었다. 경험과 회고를 통한 배움의 마지막 단계는 배움을 자신의 삶으로 적용하여 발현하는 것이다.

아이들이 체육 시간을 통해 경험한 신체 활동의 마지막 종착지는 삶에 바로 적용되는 생활 체육이어야 할 것이다. 그리고 삶 자체에서 즐기는 체육을 목표로 해야 할 것이다. 듀이가 "교육은 삶을 살아가기 위한 준비라기보다 가장 본질적인 의미에서 '살아가는 것 그 자체'"라고 말한 것처럼 학교 수업 자체도 아이들의 삶의 일부가 아니겠는가. 체육 시간의 신체 활동도 학생들의 삶으로 녹아 들어갈 수 있도록 해야 한다.

나는 동네 체육시설에서 배드민턴을 배우다가 지금의 남편을 만나 결혼했다. 그런 이유로 수업시간마다 나의 인생 스포츠는 배드민턴이라고 이야기한다. 아이들과 랠리를 할 때는 일부러 더 과장해서 신나게 웃는다. 칭찬도 듬뿍 해준다. 배드민턴 경기를 하면서 느끼는 나의 행복한 감정과 에너지가 아이들에게 그대로 전달된다고 확신하기 때문이다.

봄, 여름, 가을, 겨울 사계절의 온도를 피부로 느끼고 계절의 향기를 맡으며 자신의 삶 공간에서 스포츠를 즐기면서 활기찬 삶을 살기를 바란다. 아이들의 배움이 결국 아이들의 삶으로 귀결되기를, 회고를 통한 더 나은 삶을 꾸려 나가기를, 건강하고 풍요로운 마음으로 향기롭게 살기를 진심으로 바라며 오늘도 나는 외친다.

"힘내서 라스트 하나 더! 마지막!! 잘했어~!!

배움의 시선 8

역량

Do you like English?

학습 역량을 갖춘 아이는 언제든 새로운 지식을 받아들일 수 있지만, 지식만 암기한 아이는 변화하는 시대에 적응할 지혜를 얻지 못한다. 영어 단어를 외우는 것보다 더 중요한 것은 영어를 공부하는 목적을 알고 방법을 익히는 것이다. '내가 더 멀리 본다면, 그것은 내가 거인들의 어깨 위에 서 있기 때문이다.'라는 말처럼 아이들 한 명 한 명의 힘으로 나는 더 멀리 바라볼 수 있었다. 나 혼자 힘겹게 학생들을 이끌어 가는 것이 아니라, 다 함께 자기 앞에 주어진 노를 저으며 한배를 타고 순항할 수 있었다.

신혜진

cake쌤

'English is a piece of cake'이라는 말을 모토로 영어를 쉽고 달콤하게 가르쳐주기 위해 노력하고 있는 15년차 중등 영어 교사. 『문해력을 키우는 엄마표 영어의 비밀』의 저자이다. 건국대 교육대학원에서 혁신교육을 공부 중이며 혁신교육 동아리 '무지개'에서 활동 중이다. 21년 인성교육 실천 사례연구대회에서 경기도 교육감상을 수상하였다. 학생과 함께 성장하는 교사의 삶을 지향하며 '지식은 한계가 있지만, 역량은 한계가 없다.'라는 믿음으로 학생들이 미래를 살아갈 역량을 키우도록 돕는 수업을 실천하고 있다.

교사 vs 학생 그리고 지식 vs 역량

"야! 신혜진! 너 계속 그렇게 떠들래? 앞으로 나와!"

학창 시절을 회상하면 나는 모범생이 아니었다. 활동적이고 거침없는 성격 탓에 자주 선생님의 꾸지람을 들었다. 수동적으로 가만히 있는 것을 싫어했던 나와 제발 가만히 있기를 바랐던 선생님 간의 대립이었다. 그 당시는 학생 중심의 모둠별 수업이 없었다. 내 기억 속 교실은 일렬로 배치된 책상에 앉은 학생들이 조용히 교사를 예의주시하는 것이었다. 잠시라도 교사에게 집중하지 않으면 곧바로 체벌을 받았다.

그런 수업의 주인공은 항상 교사였다. 나는 교사에게 집중해야 하는 수많은 학생 중 한 명일 뿐이었다. 어릴 때부터 교사가 되고 싶었던 나는 아이들을 인격적으로 대하는 교사가 되리라 다짐했다. 학교에서 주변인으로서 받았던 나의 상처를 물려주지 않겠다고 다짐했다.

처음 교단에 서서 아이들을 바라보며 아이들의 마음을 헤아리는 따뜻한 교사가 될 수 있으리라 생각했다. 하지만 그것도 잠시, 선배 교사들을 보며 점차 '유능한 교사란 학생들을 잘 잡는 교사'라는 생각으로 바뀌었다. 숙제 안 한 아이를 친구들 앞에서 혼내고, 교실 장악력을 키우기 위해 노력했다.

마음이 약한 탓에 '이래도 될까?'라는 생각을 품기도 했지만, 애써 티를 내지 않으려고 했다. 수업에 늦은 아이를 볼 때면 '미성숙한 아이이니 그럴 수 있다'라고 인간적인 이해를 하면서도 어떤 말을 해야 아이에게 다시는 그러지 말아야겠다는 자극을 줄지 고민했다. 이것이 교사의 전문성이라고 믿었다.

수업은 늘 강의식이었다. 지금까지 내가 받아 온, 내가 기억하는 수업은 모두 천편일률적인 강의 수업이었고, 나 역시 그런 수업 방식만 떠올랐다. 모둠별 협동 수업은 원어민 교사와의 협력 수업에서만 주로 사용했다. 교사 연수에 참여하면 배움 중심의 협동 수업을 배우고 연구했지만, 막상 교실 현장에서는 빠듯한 진도와 시험을 핑계로 기존의 수업 방식으로 되돌아가곤 했다.

결국 나 또한 학생을 들러리로 세우고 내가 학교 다닐 때 느꼈던 소외감을 그대로 물려주는 교사가 되어 있었다. 나의 수업은 '학생에게 지식 전달하기'를 교육의 최우선 과제로 여기는 교육관에서 비롯되었다. 좋은 수업이란 지식을 얼마나 효과적으로 전달하느냐에 달려 있다고 믿었다. 학생들이 지식을 받아들일 수 있는지 없는지는 내가 관여할 부분이 아니었고, 지식의 습득은 그들의 몫이었다.

수업을 따라오지 못하고 엎드려 잠이 드는 학생을 보면 두 가지 중 하나를 선택했다. 자는 학생에게 수업에 참여하기를 일방적으로 강요하는 것, 다른 하나는 자는 학생을 못 본 척하면서 내가 전달하는 지식을 받아들일 준비가 아직 안 되었다고 간주하는 것이다. 전자는 배움의 책임을 교사가 아닌 학생에게 전가하는 태도였고, 후자는 학생을 배움에서 소외시키는 태도였다.

그렇게 10년 가량 교직 생활하던 나는 혁신학교인 도당중학교로 전입해 왔다. 처음엔 혁신학교가 무엇인지 몰랐다. 그때까지 이 학교가 내 교직 인생의 전환점이 될 줄은 꿈에도 생각하지 못한 채 막연히 쉽지 않은 학교일 거라고만 생각했다.

혁신학교에 근무하면서 비로소 혁신학교 교육 목표가 '단 한 명의 학생도 포기하지 않는 교육'이라는 것을 알게 되었다. '포기하지 않는'이라는 말에서 교사로서 사명감이 뜨겁게 마음속에 일었고, 그동안 자는 아이를 쉽게 포기했던 나를 반성하게 되었다. '단 한 명의 학생도'라는 말에서 학생들을 학급 전체가 아닌 개별적인 한 인간으로 바라보느 관점이 생겼다.

예전에는 개인에 관한 관심은 오로지 학생 상담에서나 가능한 일이었다. 서른 명 가량 되는 학생들을 대상으로 하는 수업에서 개개인에 관한 관심은 접어둘 수밖에 없었다. 그러나 '단 한 명의 학생도 포기하지 않는 교육'이라는 교육 목표를 마음속에 새기자, 한 명 한 명의 마음을 들여다보게 되었고, 소외되는 아이 없이 배움으로 이끌어야겠다는 책임감이 생겼다. 그러자 놀랍게도 더 행복해지는 것은 다름 아닌 교사인 나였다.

우리 학교는 교실 책상 배치가 ㄷ자 형태이다. 일제히 교사를 바라보는 교실 구조에서는 내가 무대 위 주인공이 되어 수업이라는 쇼를 진행하는 '지식전달자' 역할이었다. 교실 뒤쪽에 앉은 학생은 시야에 잘 들어오지도 않았다.

그러나 교실이 ㄷ자 형태로 앉는 구조가 되자, 구성원 모두의 의견을 중요시하는 전체 회의를 진행하는 기분이었다. 학생들의 얼굴이 이전보다 잘 보였고, 언제든 필요하면 모둠 활동 형태로 책상 배치를 바꿀 수 있었다. 나는 자연스럽게 학생들에게 공부할 거리, 생각할 거리를 던지는 '안내자'이자, 학생이 주도적으로 진행하는 학습을 도와주는 '조력자'가 될 수 있었다.

그렇다고 지식을 가르치는 일을 게을리하는 것은 아니다. 학생들이 영어라는 교과에서 꼭 알아야 할 지식은 분명히 존재한다. 모든 학생이 똑같은 학습 내용에 대해 시험을 치르고 성적을 내야 하는 학교 시스템 안에서 교과 내용을 공평히 전달해야 할 일종의 의무감도 느꼈다.

하지만 지식을 전달하는 것이 교사의 전부라고 생각했던 이전과는 수업을 바라보는 관점이 달라져 있었다. 관점이 달라지니 학생들에게 다가가는 방식도 달라졌다.

학생들에게 학습할 핵심 지식을 소개하고, 학생들이 모둠별로 역할을 나누어 직접 학습 내용을 구성하고 발표하도록 했다. 학생들의 모둠 활동을 관찰(모니터링)했지만, 학생들이 자신감을 잃지 않도록 모둠 활동에 끼어들지 않았다. 학습한 이후에는 E-log (English log, 영어 학습 성찰일지)를 적으면서 그날 학습한 내용을 정리하고 내면화하도록 했다.

"지식을 많이 배우는 것보다 더 중요한 것은, 여러분 스스로 지식을 구성하고 다른 사람에게 표현해 보는 거예요."

나는 이 말을 자주 들려주었다. 교사의 지식 전달이 아니라 학생의 학습 역량 키우기에 초점을 두게 되자 시험 성적을 잘 받는 아이보다 수업에 최선을 다해 참여하는 아이에게 주목할 수 있었다. 그 아이들에게 아낌없는 칭찬과 격려를 해주었다.

학생들의 학습을 관찰하고, 피드백을 주고, 학생들과 교류하다 보니 매 순간 죽어 있는 것이 아니라 '살아 있는' 수업을 할 수 있었다. 학생을 교실의 주변인이 아니라 주인공으로 만들 수 있었다. 학습의 주도성을 되찾은 아이들의 빛나는 눈빛을 마주하면서 단 한 명의 학생도 포기하지 않았다는 자부심이 생겼고, 교사로서의 자존감과 행복감도 함께 상승했다.

그러던 중 우연히 교사 연수에서 미래학자 앨빈 토플러의 말을 듣게 되었다. "한국의 학생들은 하루 15시간 동안 학교와 학원에서 미래에 필요하지도 않은 지식과 존재하지도 않을 직업을 위해 시간을 낭비하고 있다."라는 말이었다. 문득 내가 실천하는 역량중심수업이 학생들의 미래를 준비시키는 과정이라는 생각에 가슴이 두근거렸다.

미래사회는 지금과 달리 어떤 모습으로 변화하게 될지 모른다. 당대의 지식이 쓸모없어질지도 모르고, 학력 인플레이션과 출생아 수 급감, AI 기술의 발달로 직업의 판도가 어떻게 바뀔지, 지금의 직업 중에 몇 개가 사라지게 될지 아무도 장담하지 못한다.

그런데 미래사회를 살아갈 우리 아이들의 현실은 어떠한가? 안타깝게도 기성세대에서 안정된 직업으로 인정받는 몇 가지 한정된 꿈을 좇는다. 수십 년 전부터 배워온 똑같은 지식을 똑같은 수업 방식으로 전달받는다. 능력주의에 기반한 줄세우기식 교육 현실에서 학생들은 주입식 강의를 통해 쉽고 빠르게 지식을 얻는 것에만 관심을 가진다. 좌충우돌 시행착오를 겪으면서 스스로 깨닫고 성장할 기회를 빼앗긴 학생들은 배움에서 수동화되고 배움의 흥미와 주도성을 상실한다. 소수의 뛰어난 학생들을 제외한 나머지 학생들은 배움에서 소외되거나 낙오되고 상처받는 것이다.

지식과 정보가 쏟아지는 4차 산업혁명 시대, 지금은 누가 얼마나 더 많이 지식을 습득하는지는 중요한 문제가 아니다. 우리는 그 모든 지식과 정보를 다 얻을 수도 없고, 학생들에게 일일이 다 알려줄 수도 없다. 학생들은 원하는 정보를 주도적으로 탐색하고, 비판적으로 분석하며, 창조적으로 재생산하여 주변 사람들과 나눌 수 있는 역량을 길러야 한다.

앨빈 토플러는 "미래는 예측하는 것이 아니고 상상하는 것이다. 따라서 미래를 지배하는 힘은 읽고, 생각하고, 정보를 전달하는 능력에 의해 좌우된다."라고 말했다. 예측 불가능한 미래를 상상하는 힘이 '읽고, 생각하고, 정보를 전달하는 능력'에서 나온다면, 기존의 지식전달식 수업만으로 아이들의 미래를 준비시킬 수 없다. 아이들이 텍스트를 읽고 분석하는 힘을 길러 스스로 생각하고 의사소통하는 능력을 키우도록 교육방식도 변화해야 한다.

지식에는 한계가 있지만, 역량에는 한계가 없다. 학습 역량을 갖춘 아이는 언제든 새로운 지식을 받아들일 수 있지만, 지식만 암기한 아이는 변화하는 시대에 적응할 지혜를 얻지 못한다. 단 한 명의 학생도 포기하지 않는 교육, 그것은 모든 아이가 스스로 역량을 키우도록 돕는 교육, 배움에서 소외되는 아이 없이 모두가 행복한 교육, 아이들에게 물고기를 주는 대신 물고기 잡는 법을 가르치는 교육이다.

첫 번째 영어 시간, 그림책 읽어주는 선생님

"사랑합니다~ 여러분. 오늘 선생님이 재미있는 영어 그림책을 읽어 주겠습니다. 페이지를 한 장씩 넘기면서 읽어 주면, 여러분은 그림을 보면서 상상해 보세요. 모든 문장을 다 해석하지는 않겠습니다. 내용을 여러분 스스로 생각해 보는 것이 중요해요."

첫 번째 영어 시간. 나는 로버트 먼치의 『Love you forever(언제까지나 사랑해)』라는 영어 동화책을 읽어 주기로 했다. 책 표지 그림을 보여 주며 학생들에게 질문을 던졌다.

"그림 속 아이는 어떤 모습을 하고 있나요?"

"개구쟁이 같아요."

"시계를 변기에 넣으려고 해요."

"이 아이와 책의 제목이 'Love you forever'가 어울린다고 생각하나요?"

"아니요. 안 어울려요."

"저런 장난꾸러기는 사랑할 수 없을 것 같아요."

"우리 이 책의 결말을 상상해 볼까요? 이 책의 내용이 어떻게 끝날 것 같아요?"

"반전 있는 결말일 것 같아요."

"왠지 슬플 것 같아요."

책의 내용을 추측해 본 다음, 우리는 본격적으로 책의 세계로 들어갔다. 나의 두 번째 꿈인 'English book reader(영어책 읽어주는 사람)'가

되어 책장을 한 장씩 넘기면서 그림책을 읽어 주었다.

이 책에는 엄마와 아들이 등장한다. 아이가 성장하면서 아무리 엄마를 힘들게 해도 엄마는 밤이 되면 잠든 아이를 끌어안고 노래를 불러준다. 십 대가 된 아이가 부모의 말을 듣지 않는 날 밤에도 엄마는 어김없이 사랑의 노래를 불러주며 한결같은 사랑을 보여준다. 아이는 자라서 독립하게 되지만, 엄마는 여전히 아이를 찾아와 사랑의 노래를 불러주고 간다. 어느 날, 나이 든 엄마는 더 이상 노래 불러줄 힘이 없고, 아들이 엄마를 대신하여 노래를 불러준다. 아들은 자기 아이에게도 엄마에게 듣던 사랑의 노래를 똑같이 불러주며 동화는 끝을 맺는다.

나는 책 속에 자주 등장하는 그 사랑의 노래를 학생들에게 직접 불러주었다.

I love you forever, I like you for always.

언제까지나 널 사랑해, 난 영원히 널 사랑할 거야.

As long as I'm living, My baby you'll be

내가 살아있는 한, 넌 나의 아기일 거야.

처음 만나는 학생들 앞에서 노래라니, 부끄러웠다. 하지만 학생들을 영어 동화책이라는 흥미로운 세계에 입문시킬 수만 있다면 잠깐의 부끄러움은 아무것도 아니었다. 학생들이 내가 읽어 주는 책을 숨죽여 듣는 모습을 보니 영어에 흠뻑 빠지는 마법을 부린 듯 짜릿했다. 책을 읽고 나서 떠오른 생각들을 서클 형태로 돌아가면서 나누었다.

"저랑 같은 나이인 아들이 너무 심하게 행동했다고 생각해요."

"부모님이 자식을 사랑하는 마음은 제가 상상할 수 없을 만큼 무한하다는 것을 알았어요."

"아무리 자식이어도 다 큰 아들의 집에 밤중에 찾아오는 건 예의가 아니라고 생각해요."

"아들이 늙은 엄마를 안고 노래하는 장면이 감동적이었어요."

"부모님에게 키워주셔서 감사하다고, 사랑한다고 말하고 싶어요."

"아들이 딸에게 똑같이 노래를 불러주는 장면이 뭉클했어요."

학생들이 책 속의 세상에 완벽히 몰입했다는 것, 내가 일일이 해석해 주지 않아도 영어책의 내용을 암묵적으로 이해하기 위해 노력했다는 것만으로 이 수업은 성공이라고 생각했다. 학생 스스로 이야기 흐름을 파악하려고 노력하면서 딱딱한 교과서의 틀을 벗어나 살아 있는 실제 영어를 접하는 기회를 얻었으리라.

영어 수업이 수동적으로 선생님의 해석과 설명을 듣는 시간이 아니라 내 생각을 솔직하게 표현하는 시간이 된다면, 아이들은 영어로 된 텍스트를 이해했다는 자신감과 영어라는 의사소통 도구에 대한 흥미도 갖게 될 것이다.

중학생이 되면 학생마다 좋아하는 교과목이 생기게 마련이다. 하지만 영어를 가장 좋아한다고 말하는 학생은 손에 꼽을 정도로 적다. 오히려 영어가 가장 어렵고, 가장 싫다고 말하는 학생들이 많다. 어쩌다 아이들은 영어를 싫어하는 지경에 이르렀을까? 원인은 한쪽으로 치우친 영어 교육과정 때문이다.

초등학교 때까지 듣기, 말하기 위주의 의사소통 기능에 초점이 맞춰져 있던 교육과정은 중학교부터 읽기, 쓰기 위주의 문해력 향상 교육으로 변화한다. 점점 지문의 길이는 길어지고 문장의 구조도 복잡해진다. 중학교 3학년부터는 복합적인 구조를 가진 해석하기 까다로운 문장들이 등장한다. 게다가 중학교와 고등학교의 격차는 훨씬 더 크다. 중학교까지는 학습력으로 잘 따라오던 학생들마저 고등학교에서 방대한 지문의 길이, 다양한 유형의 독해 문제에 압도되어 영어 성적하락의 고배를 마시고, 이것이 반복되면 '영포자'의 길을 걷게 된다.

영어는 의사소통 도구로서의 언어를 배우는 과목이다. 그러나 학생들은 영어를 암기 과목 혹은 지식 교과로 오해한다. 학생들이 일상생활에서 영어를 접할 기회는 적은 것에 반해, 학생들에게 요구하는 영어의 성취 수준은 높은 탓이다. 초등학교 때까지 학생들이 가지고 있었던 영어에 대한 호기심과 흥미를 지켜줄 방법은 없을까? 학생들이 갑자기 어려워진 지문에 압도당하지 않도록 재미있게 영어를 접할 수는 없을까?

이런 고민 끝에 내린 결론이 바로 영어 그림책을 읽어주는 것이었다. 아이들은 한글 문해력을 높이기 위한 독서교육을 많이 받았지만, 영어 독서교육은 받은 적이 없다. 수능 수준의 지문을 이해하기 위해서는 평소에 그 정도 수준의 영어 텍스트를 많이 접해 보아야 한다. 단지 교과서에 수록된 정형화된 글로는 턱없이 부족하다. 일상생활에서 다양한 영어 텍스트를 읽고 영어 만화영화나 라디오방송을 자주 듣는 경험을 쌓는 것이 중요하다.

나는 교과서를 다루는 틈틈이 짬을 내어 학습 주제와 관련된 책을 읽고 다양한 활동을 하는 읽기 역량 강화 수업을 진행했다. 세계 각국의 인형에 대한 글을 읽고 나면 '걱정 인형(worry dolls)'을 소재로 한 『Silly Billy(겁쟁이 빌리)』라는 책을 읽어 주고, 진로 희망에 대한 글을 읽고 나면 『Willy the dreamer(꿈꾸는 윌리)』라는 책을 읽어 주었다.

그러자 학생들이 영어를 대하는 태도가 조금씩 달라졌다. 영어책을 읽고 활동하는 것이 즐겁다는 학생들이 많아졌고, 열심히 공부해서 멋지게 영어로 의사소통하고 싶다는 의지가 생긴 아이들도 있었다. 한 해 동안의 수업을 정리하는 날이었다. 학생들은 내게 이런 메시지를 주었다.

"초등학교 때부터 영어가 늘지 않았는데, 자유로운 방식으로 재미있게 영어에 대한 시선을 바꿔 주셨고, 조금은 영어에 대한 두려움이 사라졌습니다."

"그림책을 읽으면서 선생님과 같이 이야기 나눈 것이 좋았어요. 책에서 나온 영어 표현을 배우면서 실생활에서 적용할 수 있을 것 같아서 좋았어요."

"저는 정말 심하게 영포자였는데, 선생님 만나고 나서 영어가 조금은 좋아진 것 같아요. 성적도 20점이나 올랐어요."

"선생님이 최선을 다해 영어를 가르쳐 주셔서 저도 열심히 영어를 배우고 싶었습니다. 근데 제 노력을 아는지 좋은 결과가 나왔어요. 선생님 저 꼭 열심히 할게요. 사랑합니다!"

영어를 왜 배워야 하는지 학생들과 이야기를 나눠 보면 '좋은 대학

교사의 지식 전달이 아니라 학생의 학습 역량 키우기에 초점을 두게 되자 시험 성적을 잘 받는 아이보다 수업에 최선을 다해 참여하는 아이에게 주목할 수 있었다. 그 아이들에게 아낌없는 칭찬과 격려를 해주었다.

에 가고 취업을 잘하기 위해서, 좋은 성적을 받기 위해서'와 같은 외적 동기가 대부분이다. 학생들에게 '영어가 좋아서, 영어를 잘하고 싶어서'와 같은 내적 동기를 조금이나마 불러일으켰다는 생각에 보람을 느꼈다. 나만 보면 "I like English!"라고 외치며 지나가는 학생을 보면 행복했다.

학생들에게 영어 시간이 재미없고 지루한 학습의 시간이 아니라, 관심 있고 잘하고 싶은 언어를 배우는 유쾌한 시간이 되길 바란다. 나와 함께한 수업 이상으로 학생들은 훨씬 더 많은 영어 독서 경험을 쌓아야 할 것이다. 나와의 수업이 본격적으로 영어를 공부하는 마중물이 되어주길 기대한다. 앞으로도 영어에 관한 관심과 흥미를 계속 유지하면서, 자신만의 방법으로 영어를 끝까지 포기하지 않고 학습해 나가길 소망한다.

민주시민으로 성장하기

담임을 맡은 학급에 민석이는 달랐다. 다른 아이들이 휴대전화로 연예인을 검색하거나 친구와 메시지를 주고받을 때, 민석이는 정치 관련 기사를 검색하거나 SNS에 정치적 소견을 올렸다. 가끔 민석이의 SNS 내용을 보면서 나와 정치적 의견이 같음을 알 수 있었다.

하지만 민석이에게 "선생님도 너와 같은 생각이야."라는 말을 전할 수 없었다. 나의 '전하지 못한 진심'은 바로 교사의 '정치적 중립성'

때문이었다. 교사가 된 이후로 학생들에게 정치적 의견을 포함한 어떠한 사적 견해도 표현하면 안 된다고 알고 있었다. 자신만의 가치관을 형성해 나가는 학생들이 한쪽으로 치우친 의견에 노출되는 것이 될 테니까. 설령 그것이 좋은 견해라고 할지라도 반복되면 나도 모르는 사이 강요가 될 수 있다. 무슨 말이든 조심스러웠다.

이러한 정치적 중립성 때문에 교사는 점차 정치적 참여에서 멀어지고 정치에 무관심해지며 민주시민적 삶에서 멀어진다고 한다. 나 역시 정치적인 생각을 자유롭게 표현하고 싶지만, 교사라는 직업 특성상 밝히기가 꺼려졌다.

이런 고민을 한번에 해결해 준 책은 바로 『보이텔스바흐 합의와 민주시민교육』이었다. '교육을 정치화'하지 않고 '정치를 교육화'할 것을 강조하며 보이텔스바흐 합의의 세 가지 원칙인 '강압 금지, 논쟁성의 원칙, 이해관계 인지'를 제시한다. 그동안 나는 '강압 금지'라는 첫 번째 원칙만을 고수해 왔다. 하지만 두 번째 원칙인 논쟁성의 원칙(학문과 정치에서 논쟁적인 것은 수업에서도 역시 논쟁적으로 드러나야 한다.)을 지킨다면 민주시민교육을 할 수 있을 것이다.

한 해 동안 영어 독서교육의 하나로 『Charlotte's web(샬롯의 거미줄)』을 선정하여 책 읽기를 진행하고 있었다. 한 챕터씩 읽고 독후활동을 하던 중에 윤리적인 쟁점을 담은 챕터가 보였다. 책에 나온 소재를 가지고 토론을 시작해 보기로 했다. 영어 수업에도 민주적인 교실 문화를 적용하고 싶었다.

책의 내용은 이렇다. 주인공 펀(Fern)은 작게 태어난 아기 돼지를 죽이는 문제를 놓고 아버지와 대립한다. 아버지는 인간이 키우는 가축에 대해서 당연히 인간 마음대로 할 수 있다는 인간 중심적 사고관을 가졌다. 반면 펀은 작게 태어났다고 죽이는 것은 “It's unfair! (불공평하다)”라고 생각하는 자연 중심적 사고관을 가졌다.

이 장면에서 두 사람의 상반된 입장이 드러난 부분을 찾아 정리하고, 자기 생각을 발표하는 활동을 했다. 학생들에게 양쪽의 입장은 어느 쪽이 옳다고 말할 수 없는, 정답이 없는 문제라고 말해 주었다. 그러므로 자기 입장과 그 근거를 자유롭게 적고 발표하도록 했다. 보이텔스바흐 합의의 두 번째 원칙인 논쟁성의 원칙에 따라, 양쪽의 입장을 모두 다루어야 한다는 생각이었다.

학생들은 자기 생각을 밝히는 데 거리낌이 없었다. 동물 학대 반대에 대한 높은 감수성 때문인지, 자연 중심적 사고관의 입장을 가진 의견이 대부분이었다.

“인간이 만물의 영장이라고 해서 함부로 동물을 대하면 안 된다고 생각해요.”

“인간도 자연 일부이기 때문에, 인간이 자연을 지배한다고 생각하는 것은 옳지 않다고 생각합니다.”

물론 이런 대세를 따르지 않고 인간 중심적 사고관을 선택하고 발표한 학생들도 있었다.

“우리가 어떻게 생각하든, 우리는 이미 자연을 개발하고 파괴하고 있어요. 인간이 지능이 있으므로 자연을 이용할 수 있다고 생각해요.”

나는 다수의 의견을 눈치껏 따르기보다 자신의 소신을 밝힌 학생에게 격려와 칭찬을 해주었다. 학생들에게 의견을 묻고 어떤 의견이든 존중하고 인정해 주니 학생들의 목소리에 점점 자신감이 묻어났다. 그동안 영어 시간에 영어를 잘하지 못한다는 이유로 자신 없는 듯 나의 눈을 피하던 학생들도 이 시간만큼은 따뜻하고 민주적인 수업의 분위기를 누렸을 것이다. 평소 내가 하던 질문은 주로 영어에 대한 지식을 묻는 것이었다.

"여기서 'this'는 무엇을 의미하는 걸까요?"

"이 지문에서 관계대명사가 들어간 문장을 찾은 사람?"

이렇게 정답이 있는 질문이었다. 학생들이 내가 던진 질문에 대답하지 못하면, 그 몇 초간의 정적은 내게도 부담스러운 시간이었다. 침묵하는 시간에도 배움이 일어난다고 하는데, 나는 그 시간을 오래 견디지 못했다. 그래서 이내 다른 학생에게 질문을 던지거나 내가 정답을 말해 버리곤 했다.

하지만 정해진 답이 없는 열린 질문을 던지니 예전보다 더 오래 학생들의 대답을 기다릴 수 있었다. 정답을 말하지 않아도 된다는 학생들의 편안함은 질문을 던진 나에게도 그대로 전달되었다. 그동안 영어 시간에는 영어를 '학습'하려는 생각이 나와 학생 모두를 경직시켰다. 학원의 일타강사처럼 학생들에게 영어 단어를 암기시키고, 문법을 설명하고, 독해 문제 푸는 기술을 알려 주었다. 학생들은 열심히 받아 적으면서도 그것을 왜 배우는지, 그것이 어떤 의미가 있는지 생각하지 않았다.

그러나 학생들에게 생각할 거리를 던지고 확산적 사고를 할 수 있도록 장려하자 학생들은 텍스트를 기반으로 생각하고, 고민하고, 의사소통하면서 자신의 역량을 키워 나갔다. 소설 속의 'fair'라는 단어의 의미를 깊이 생각해 보는 시간도 가졌다. 영어에서는 어떤 부당한 일이 발생했을 때, "It's unfair(그것은 불공평하다).", "It's not your fault(그건 네 잘못이 아니다)."와 같은 표현을 자주 사용한다. 그들에게도 '공정함, 정의'라는 주제는 꽤 중요한 화두임을 알 수 있다.

학생들에게 소설 속의 'fair'라는 표현과 관련하여 자신이 생각하는 '정의(justice)'란 무엇인지 스스로 정의를 내려 보라는 과제를 주었다. 이름하여 '정의의 정의'라는 수업이었다. 학생들은 "꽤 어려운 주제네요."라고 말하면서 한참을 고민하더니 이내 자기 생각을 소신 있게 밝혔다.

"정의란 강강약약(강자에게는 강하고, 약자에게는 약한 것)이다."

"정의란 피부색, 가난함 등에 따라 무게추를 두지 않는 것이다."

중학교 2학년, 아직 어린 학생들이라고만 생각했던 학생들의 입에서 꽤 성숙하고 진지한 답변이 나왔다. 영어 지문만 공부했다면 만나지 못했을 아이들의 진짜 모습을 만난 것 같아 행복감이 밀려왔다.

민주적인 학교를 만들려면 어떻게 해야 할까? 거시적인 정책이나 제도 변화가 학교 문화를 바꿀 수 있을까? 민주적인 학교 문화는 학교 구성원들의 미시적인 노력의 합산이다. 외부에서 민주적인 문화라며 하나의 일관된 틀을 강요한다면 그것 또한 비민주적이다. 민주적인 문화를 만들기 위해서는 첫째, 구성원 개인이 주인의식을 회복해야 한다. 둘째, 소통을 통해 모두가 참여할 수 있는 분위기를 만들어 내야 한다.

나 역시 혁신학교에 전입한 이후, 그동안 상하 중심의 경직된 학교 문화 속에서 잠시 잊었던 주체성을 되찾았을 수 있었다. 민주적인 회의와 소통을 통해 교사로서 내 의견이 반영됐을 때, 내가 학교의 주인이라는 느낌을 받았다.

'민주시민교육'을 하기 위해 거창한 교육과정을 만들어야 한다는 부담감보다 교사가 학생들에게 민주시민적 삶의 모습을 보여주는 것이 우선이 아닐까. 다시 말해, 교사가 학교 일에 주인의식을 가지고 학생들을 나와 동등한 주체로 존중하고 소통해야 한다는 말이다.

올해 졸업을 앞둔 3학년 학생들의 마지막 수업 시간에 이런 이야기를 들려주었다.

"여러분, 1년 동안 열심히 해줘서 참 고마웠습니다. 앞으로 어떤 길을 가든지 여러분이 인생의 주인이라는 생각을 잊지 마세요. '엄마가 이 학교에 가라고 해서, 선생님이 이렇게 하라고 해서'라는 핑계에 숨지 마세요. 남이 시키는 대로, 하라는 대로 따라가지 말고, 여러분 스스로 판단하고 결정하고 책임지는 멋진 어른이 되기를 바랍니다."

나는 학생들이 주체성을 가진 시민이 되길 바란다. 수업 시간에 열심히 참여하는 모습만으로 사랑스럽고 훌륭하지만 앞으로 미래를 살아갈 학생들에게 필요한 역량은 단지 수동적으로 누군가의 지시를 따르는 것만은 아니기 때문이다. 한 학생은 졸업 후에 내게 이런 장문의 메시지를 보내주었다.

"선생님 1년 동안 저희 반 영어를 맡아주셔서 정말 감사했어요. 저희가 선생님을 좋아했던 이유는 당연히 영어를 잘 가르쳐 주신 것도 있지만, 선생님에게서 저희를 학생이라고 무조건 낮게 생각하는 것이 아니라 사람 대 사람으로, 또는 더 높게 저희를 생각해 주시는 마음이 잘 와닿은 게 아닌가 싶어요."

늘 학생들과 인격적인 만남을 중요시했고, 학생들과 동등한 관계가 되려고 했던 내 노력을 알아준 것 같아서 눈물이 핑 돌 정도로 감동적인 순간이었다. 나에게 민주시민교육이란 교사 자신이 민주시민으로 사는 본보기가 되는 것, 교사가 학생들을 인격적으로 존중하는 것이다. 또한 교사가 주체성과 소통의 자세를 잃지 않으면서 학생들에게도 그런 기회를 제공하는 것이다.

아이들과 언젠가, 어디선가 우연히 만났을 때 서로에게 부끄럽지 않은 존재였으면 좋겠다. 그동안 실망하게 하지 않을 만큼 충분히 내 인생의 주인으로 살았다고 당당하게 말할 수 있으면 좋겠다. 아이들이 끊임없이 성장하는 만큼 나도 깨어있는 삶의 자세를 잃지 않고 이전보다 성장한 모습으로 서로를 마주한다면 더 바랄 것이 없다.

자연과 함께 미래를 살아갈 우리 아이들에게

"선생님! 저 오늘 제 적성을 찾은 것 같아요. 텃밭 가꾸는 게 너무 재밌어요!"

우리 학교 뒤뜰에는 아이들이 가꿀 수 있는 예쁜 텃밭이 있다. 처음 동아리 아이들과 함께 모종을 심는 날, 자신이 키울 식물을 하나씩 고르라고 했다. 케일, 고추, 상추, 토마토…. 서로 친하지 않아 서먹서먹한 아이들이 쭈뼛쭈뼛 모종을 들고 왔는데, 가장 인기 있는 식물은 열매가 열리는 고추와 토마토였다.

강렬한 햇살 아래인데도 모종 심기에 열중하는 아이들에게 잠시 그늘에서 쉬라고 해도 듣지 않았다. 마치 이제야 본업을 만난 듯이 텃밭의 잡초를 뽑고 흙을 퍼 나르는 손길이 제법 진지했다. 그중에 텃밭은 가꾸지 않고 작은 곤충을 손에 들고 다니며 친구들을 놀리는 개구쟁이도 있었지만, 그 모습마저 평화롭고 사랑스러워 보였다. 아이들의 표정은 열다섯 살이 아니라 다섯 살배기처럼 해맑았다. 밖에 나온 것만으로도 기분이 좋은데, 흙을 만지니까 매우 즐거운 모양이었다.

아이들은 왜 흙을 만지면서 노는 것을 좋아할까? 잠시 생각에 잠겼다. 흙에 무언가를 심고 키우는 것은 원시시대부터 인간이 가져 왔던 기본적인 삶의 양식이다. 어쩌면 아이들은 본능적으로 흙을 좋아하는 것일지도 모른다.

그렇게 순수하고 소박하게 태어난 아이들이 입시 중심의 교육을 받으면서 인간의 자연스러운 본성에서 멀어진다. 손을 쓰고 몸을 움직이는 것보다 머리를 쓰는 작업에 치중하여 한쪽으로 치우친 삶을 살아간다. 그동안 딱딱한 교실 의자에 의젓하게 앉아 있지만, 사실은 날것 그대로의 순수한 어린아이들이었다. 자연과 함께하는 아이들의 모습이 가장 자연스럽고 행복해 보였다.

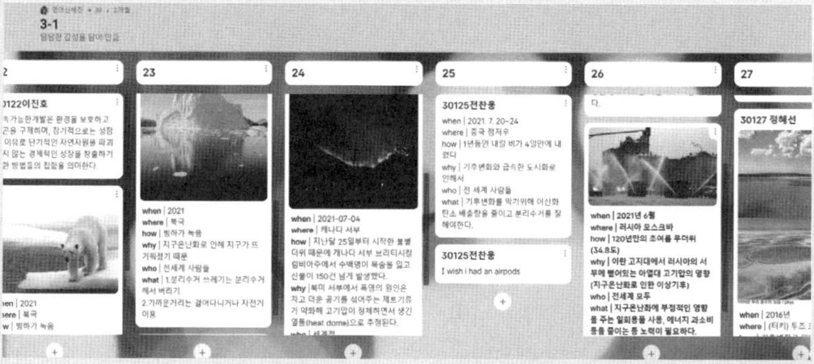

그렇게 순수하고 소박하게 태어난 아이들이 입시 중심의 교육을 받으면서 인간의 자연스러운 본성에서 멀어진다. 손을 쓰고 몸을 움직이는 것보다 머리를 쓰는 작업에 치중하여 한쪽으로 치우친 삶을 살아간다. 그동안 딱딱한 교실 의자에 의젓하게 앉아있지만, 사실은 날 것 그대로의 순수한 어린아이들이었다. 자연과 함께하는 아이들의 모습이 가장 자연스럽고 행복해 보였다.

교실로 돌아온 아이들은 자신이 심은 식물에 영어 이름을 붙여주고 관찰일지를 작성했다. 관찰한 식물을 묘사하는 그림을 그리고 설명도 덧붙였다. 자기 식물에 들려주고 싶은 말을 적은 후 한 명씩 발표했다.

"우리 젠이츠(식물 이름)를 처음 봤는데, 너무 초췌해서 마음이 아팠다. 내가 이제 잘 챙겨줘야겠다."

"저는 5월에 심은 식물이라 메이(May)라고 이름 붙였어요. 얼른 쑥쑥 커라. 사랑한다. 메이야."

생태관찰일지를 한 명씩 발표하는 동안 교실에는 따뜻한 공기가 감돌았다. 식물을 잘 길러야겠다는 책임감, 모든 생명이 소중함을 깨닫는 감성 교육의 시간이었다. 동아리 시간마다 텃밭에 물을 주러 몇 번 나가는 사이에 아이들은 서로 친해지고 있었다. 자기 화분에만 물 주는 것이 아니라 주변의 친구들의 화분에도 물을 주었고, 물 양동이를 채우는 일에도 서로 협력하는 모습도 볼 수 있었다.

아이들의 관심과 사랑을 받고 무럭무럭 자란 식물들은 저마다의 속도와 모습으로 열매를 맺기도 했다. 우리는 모종을 심는 재미부터 수확의 기쁨까지 몇 개월간 꽉 찬 체험을 했다.

텃밭 가꾸기 사업은 생태환경 교육이자 '지속 가능한 발전'[34] 교육이다. 내가 어렸을 때도 환경교육은 중요한 이슈였지만, 당시에는 쓰

◆

34 지속 가능한 발전은 미래 세대가 그들의 필요를 충족할 수 있는 능력을 저해하지 않으면서 현재 세대의 필요를 충족하는 발전을 말한다.-비상 학습 백과

레기 줄이기, 자동차 덜 타기, 물 아껴 쓰기 등 소극적이고 수동적인 실천 방안에 머물러 있었다. 이제 점점 심각해지는 지구온난화와 기후 위기 속에서 탄소 중립 방안을 고민하고, 직접 생태환경을 가꾸며 주변의 문제점을 개선하고, 변화를 촉구하는 적극적이고 능동적인 실천 방안으로 확대되고 있다.

미래사회를 대비하는 지속 가능한 발전교육, 공생교육은 반드시 교육에서 다루어야 할 주제가 되었으며 앞으로 그 비중은 점점 더 커질 것이다. 그런데 많은 사람들이 지속 가능한 발전교육을 사회나 과학과 관련한 주제로 한정 지어 생각한다. 생태교육을 특정 교과에서 한시적으로 다루는 것, 혹은 대회 개최나 특별 교육과 같이 일회성의 행사로 그치는 것은 학생들에게 큰 영향을 주지 못한다.

지속 가능한 발전교육이 효과를 거두기 위해서는 범교과적인 주제 통합교육의 형태로 교육과정 안에서 체계적, 지속적으로 이루어져야 한다. 그러려면 학기 초 교육과정을 재구성하는 과정에서 교과 간에 협의를 통해 유기적이고 통합적인 교육과정을 세워야 한다.

지속 가능한 발전교육은 단순히 생태적 관점만 포함하는 것이 아니다. UN이 정한 지속가능발전목표[35)]에 따르면, 무려 열일곱 가지의 다양한 의제들이 나온다. 지속 가능한 발전이라는 포괄적인 개념을

◆

35 지속가능발전목표는 1. No Poverty(모든 곳에서 모든 형태의 빈곤 종식), 2. Zero Hunger(기아 종식, 식량 안보와 개선된 영양상태의 달성, 지속 가능한 농업 강화), 3. Good Health and Well-Being (모든 연령층을 위한 건강한 삶 보장과 복지 증진), 4. Quality Education (모두를 위한 포용적이고 공평한 양질의 교육 보장 및 평생학습 기회 증진), 5. Gender Equality (성평등 달성과 모든 여성 및 여아의 권익 신장) 등 17가지가 있다.

학생들이 피부로 느낄 수 있도록 실생활과 관련된 프로젝트를 통해 교과 융합형 수업을 진행한다면, 학생들은 지속 가능한 발전이 먼 미래의 일이 아니라 자기 자신의 삶과 밀접하게 관련되어 있음을 알게 될 것이다.

그런 의미에서 '지속 가능한 발전 동화 구상하기'는 학생들의 생태 환경, 공생에 관한 생각을 들여다볼 수 있어 내게도 의미 있는 시간이었다. 먼저 학생들에게 『The snail and the whale(달팽이와 고래)』이라는 영어 동화책을 읽어주었다. 이 동화는 사람들의 무분별한 해양 개발 때문에 바다에서 뭍으로 떠밀려온 고래를 작은 달팽이가 구해 주는 이야기이다. 달팽이는 움직일 때 생기는 흔적으로 사람들에게 메시지를 남기는 재치를 발휘했다.

동화를 읽어 주고 난 뒤, 학생들에게 질문했다.

"이 동화의 교훈은 무엇일까요? 한번 생각해 보세요."

"달팽이의 작은 행동으로 커다란 고래를 살릴 수 있었어요."

"맞아요. 달팽이의 재치있는 행동이 고래를 구한 것처럼, 우리의 작은 행동이 지구에 큰 변화를 일으킬 수 있어요. 우리는 모두 '체인지 메이커'가 될 수 있다는 메시지를 담고 있어요."

나는 학생들에게 자신이 세상의 변화를 가져올 수 있는 동화 작가라고 생각하고 지속 가능한 발전을 다룬 자신만의 영어 동화책 표지를 구상하도록 했다. 다양한 학생의 개성만큼이나 다양한 동화를 볼 수 있었다.

그중에는 해양 쓰레기로 인해 생명의 위협을 느끼는 거북이 이야기, 지구온난화로 살아갈 곳을 잃은 북극곰 이야기, 무심코 길에 버린 쓰레기를 자신이 키우던 개가 먹어서 죽을 고비를 넘겼다는 이야기, 쓰레기 매립지를 자기 집 앞에는 만들지 못하도록 막는 사람들의 모습을 통해 님비(Not in my back yard) 현상을 꼬집은 이야기도 있었다.

학생들은 독자에게 특별한 메시지를 주기 위한 동화를 구상하면서, 지속 가능한 발전에 대해 고민하고 생각하는 시간을 가졌다. 창조적인 작품을 통해 자기 의사를 전달하는 역량도 함께 기르게 되었다.

미래 세대를 살아갈 우리 아이들에게 자신이 살아갈 지구와 환경에 관한 관심은 선택이 아닌 당위의 문제이다. 어쩌면 영어를 매개체로 한 민주시민교육, 세계시민교육, 지속가능한발전교육은 모두 같은 연속선에 있다. 현세대를 살아가는 어른과 미래 세대를 살아갈 우리 아이들이 공존할 수 있는 세상을 꿈꿔 본다.

배움의 시선 9

성 장

눈빛이 반짝인 건 무엇 때문이었을까?

배움이 교사로부터 시작해서 학생에게 전달되는 일방향적 작용이라 여길 수 있지만, 실제로 느끼기에 학교 현장에서 교사 역시 학생에게 배울 때가 많다. 그렇기에 배움은 철저히 쌍방향 상호작용이다. 이러한 배움 속에서 성장은 다양한 경험 속에서 나를 만들어 내고 삶 속에서 마주하는 고난을 이겨 낼 수 있는 지혜를 주며 미래를 살아가는 용기의 원동력이 될 것이다. 아이들의 건강한 삶을 지키는 보건 수업에서도 모든 학생이 배움 끝에 성장하기를 바라는 마음이다.

김민지

2017년 경기 중등 교사로 신규 임용, 올해로 6년 차에 접어든 보건 교사이다. 현재 부천 도당중학교에서 근무하고 있으며 혁신교육 동아리 '무지개'에서 활동 중이다. 시간의 흐름만큼 교사로서 성숙해지길 바라지만 여전히 새로운 한 해를 맞이할 때마다 신규의 초심으로 돌아가서 늘 배움과 함께한다.
해마다 보건실의 문턱 조절에 실패해서 좌절할 때도 있지만 돌아보면 아이들 덕분에 웃었던 추억이 많다는 건 안 비밀!

다름을 인정하기

성교육의 정의는 사전마다 다르게 개념 정의가 되어 있다. 표준국어대사전에는 '성장기의 아이들에게 성에 관한 올바른 지식을 갖도록 하는 교육'이라고 적혀 있고, 고려대 한국어 대사전에는 '아직 성에 눈뜨지 못한 아동이나 남녀 청소년에게 성에 관한 올바른 지식을 주는 교육'이라고 나와 있다.

사전마다 정의가 미묘하게 차이가 있지만, 요점은 결국 하나다. '성에 관한 올바른 지식'. 이 대목에서 고개를 끄덕거리며 '성교육은 모름지기 성에 대한 올바른 지식만 전달하면 된다.'라고 단순하게 생각한다면 큰 오산이다. 단순 지식 전달로 성교육을 끝낼 수 있다면 성교육을 진행하는 일선의 많은 교사가 성교육이 다루기 어려운 교육 주제라며 입을 모아 말하지 않았을 것이다.

나 역시 '성교육은 왜 이렇게 어려우며, 어떻게 극복할까?'에 대한 답을 교사가 된 이후부터 꾸준히 찾고 있다. 그 노력의 하나로 성교육 관련 연수를 다양하게 듣고, 책을 찾아 읽으며 실제로 담당 학생들을 교육하였다. 지금까지의 경험을 통해 찾아낸 힌트는 '다양성'에 있었다. 세상이 변하면서 당연시 여겨 왔던, 그동안은 생각지 못했던 사회적 통념에 대한 비판적 시각이 생겼고, 이에 대한 사람들의 생각은 여전히 제각각이다. 들어보면 뻔한 내용이긴 하지만 겪어 보면 그만큼 영향력이 크다는 것을 인정하게 된다.

신규 교사 임용 이후로 수업에 대한 열정이 넘치던 시기의 일이다. 성교육 직무연수 시간이었는데 강사가 앞으로 성교육이 나아가야 할 방향에 대해 진지한 분위기로 강의하던 중이었다. 그때 한 교육생이 강사의 설명을 끊고 용감하게 반론을 제기했다.

"강사님, 전 그 말씀에 동의하지 않습니다."

이 한마디에 강의실의 분위기는 찬물을 끼얹은 것처럼 조용해졌다. 의아하다는 표정을 짓는 사람도 있었고, 깜짝 놀라 두 눈이 동그래진 사람도 있었다. 반론을 제기한 사람은 '교수님의 강의 내용처럼 교육하는 것은 아이들에게 부정적인 영향을 줄 수 있으니 절대 안 된다.'라고 덧붙였다.

애초에 한 사람의 이의 제기로 시작되었던 토론이 다른 연수생들까지 말을 보탬으로써 언쟁으로 번졌다. 서로의 생각만 주장하며 한 치의 양보 없이 이어진 논쟁 덕분에 그날의 수업은 결국 험악한 분위기로 마무리되었다. 당시 상황을 지켜보면서 나는 '꼭 그렇게 자기 생각만이 옳다고 주장했어야만 할까.', '다르다는 건 틀린 것이 아닌데.', '가르치는 교사도 이렇게 생각이 다른데 배우는 과정인 학생은 오죽할까….' 등등 많은 생각을 하게 되었다.

단순한 소동으로 기억할 수도 있었지만, 이 사건은 나에게 있어 다른 의미로 다가왔다. 지금까지는 전혀 생각하지 못했던 시선으로 성교육을 들여다보게 된 것이다. 이전의 성교육이 내용에만 초점을 두고 수업을 했다면, 이제는 수업을 받아들이는 학습자의 입장을 고려하여 '다름'에 대해 먼저 이야기해 보고 교육을 시작하는 계기가 되었다.

다르다는 것은 '틀렸다, 유별나다.'라는 의미가 아니다. 개개인이 하나의 인격체로서 신념·가치관이 다를 수 있음을 생각해 보는 시간을 가진다면 학생들도 좀 더 객관적으로 자신을 탐구하게 된다. '다름'을 인지하고 난 다음, '존중'에 대해 배우면 학생들은 스스로 옳고 그름을 판단할 수 있고 자신만의 가치관을 형성하는 동시에 서로의 가치관도 존중하게 된다.

성교육을 주제로 수업할 때, 한번은 꼭 '성적 자기결정권'에 관해 토론하는 시간을 계획하곤 한다. 다양성에 대한 수업을 선행하지 않았을 때는 나의 주장만 옳다고 목소리를 높이거나 다른 의견을 가진 친구를 무논리로 비난하는 경우가 왕왕 발생했다. 그리고 그런 상황이 발생하면 비난은 옳지 않다고 마냥 훈계하기 바빴었다.

하지만 이제는 사람마다 생각이 다를 수 있음에 대해 먼저 이야기해보는 수업을 하기 시작했고, 놀랍게도 이후 수업에서는 학생들이 상대방의 의견을 비난과 비판으로 꺾으려고 하기보다 논리적인 이유를 찾아 맞서는 태도를 보였다. 성적 자기결정권은 말 그대로 자기가 결정할 수 있는 권리이기에 사람마다 다른 성적 가치관· 신념을 비판할 수 없다는 것을 깨달았을 것이다. 그렇게 다름을 인정하는 것만으로도 아이들의 생각은 한 뼘 더 성장했으리라.

만약 그날의 소동을 으레 진행되는 연수로 혹은 그냥 불편했던 사건으로 흘려버렸다면 나의 수업은 지금도 아무런 변화가 없었을 것이다. 앞으로 접하게 될 많은 경험 속에서 언제 어디서 수업의 좋은 재료를 찾을지 모르기 때문에 교사도 학생들처럼 항상 배우려는 마음가

짐으로 세상을 살아가야 한다.

안전한 교실, 서로 보호자가 되자

"심리적 안정감은 넓은 의미에서 조직 구성원이 자유롭게 의사소통할 수 있는 분위기를 뜻한다. 좀 더 구체적으로는 당황스러운 상황에 직면하거나 응징당할지도 모른다는 두려움에서 벗어나 자신의 실수와 우려를 기꺼이 이야기할 수 있는 분위기다."[36)]

안전한 교실은 비난, 억압 등과 같은 부정적 감정으로부터 자유로워야 한다. 이러한 안전은 곧 심리적인 안정감을 준다. 이를 느끼는 학생들은 어떠한 교육 활동도 망설임 없이 참여할 수 있고, 자신을 드러내는 것에 거리낌 없는 태도를 보인다. 학생들이 하루의 절반 이상을 보내는 교실이 안전해야 하는 이유는 비단 수업의 효율성을 올리기 위해서 뿐만 아니다. 안전한 교실 속에서 이루어지는 모든 활동(대인관계 형성, 의사소통, 경쟁 등)은 인성교육과 연결될 수 있고, 궁극적으로 청소년들의 올바른 자아정체성 형성에 영향을 미친다.

일 년의 절반이 지나가는 시점, 한 담임선생님으로부터 개별 학급에 대한 보건교육을 의뢰받았다. 요청을 받고 나서 '전문 강사에게 수

◆

36 에이미 에드먼슨, 『두려움 없는 조직』, 다산북스, 2019.

업을 요청해야 하나'라고 잠깐 고민했지만 무슨 배포였는지 스스로 수업하겠다고 수락을 해버렸다. 그러고는 수업 계획부터 수업하는 그 순간까지 내내 어떻게 구성할지 고민하느라 살짝 후회하기도 했다. 오죽하면 밤마다 수업하는 꿈을 계속 꿨을까.

지금까지의 내 인생 통틀어서 가장 어려운 수업이었다. 내가 이렇게 고심하게 된 이유는 수업 요청 사유가 무분별한 성적 언동이었기 때문이다. 수업 의뢰를 받은 순간 이 수업의 목표는 '무분별한 성적 언동을 하지 않도록 교육하기'로 정해졌지만 '어떻게?'가 난제였다.

성폭력 교육을 통해 '무분별한 성적 언동은 성폭력입니다.'로 전달해도 되었지만 어째서인지 이번만큼은 성폭력 교육으로 포장하고 싶지 않았다. 단순한 성폭력 교육으로 이 잘못된 행동을 막는 효과는 잠시일 뿐이라는 현실도 부정할 수 없었지만, 이왕 어려운 길을 걷기로 했으면 좋은 결과물을 얻고 싶은 욕심이 생겼다.

성과 관계된 무분별한 말과 행동으로 상대방에게 불쾌함을 주는 것이 성폭력임을 학생들이 모를까? 사례를 주고 옳고 그름을 판단해 보라고 하면 백이면 백, 교사가 원하는 정답을 말한다. 몰라서 성적 문제가 발생하는 것이 아니라는 것이다. 계속된 주입식 교육을 통해 학생들은 이미 알고 있다. 옳고 그름이 무엇인지.

상황 설명을 들어보니 교실에서의 무분별한 성적 언동은 자신의 존재를 과시하는 수단으로 사용되고, 그 상황이 불편한 학생들은 아예 피하거나 모르는 척하는 상황인 것 같았다. 나는 학급 분위기의 방향을 새롭게 바꿔 보는 쪽으로 방향을 잡아 보기로 했다. 허용하는 분위기, 동조하는 분위기, 묵인하는 분위기 없이 안전한 교실이 될 수 있도록 말이다.

매슬로우의 욕구[37] 이론에 따르면 생리적 욕구(의식주와 같은 일상생활의 기본 요소)를 충족시킨 다음, 안전의 욕구가 생기고 이 안전의 욕구가 충족되어야 그다음 단계인 소속과 사랑의 욕구가 생긴다. 여기서 말하는 안전은 물리적인 것 이외에 심리적·정서적 안전도 포함된다. 분명 학급이 안전하다는 생각이 들면 학생들도 교실 구성원으로서의 소속감과 애정이 생길 것이고, 이는 또 다른 책임감으로 작용하여 안정을 유지하도록 도울 것이다.

학생들에게 수업을 통해 전달하고자 하는 의도를 한 단어로 표현하고자 했고, 그 단어는 감시자, 지킴이, 부모처럼 강압적이거나 무거운 느낌이 없는 '보호자'로 정했다. 수업 내내 서로를 보호할 수 있는 보호자가 되어야 안전한 학급이 될 수 있다고 전달했다.

수업 이후 학급 분위기가 변했는지, 또다시 같은 문제가 반복되었는지 등이 궁금했지만, 물어볼 틈도 없이 시간이 흘렀다. 2주 정도 지났을까? 그날 수업했던 반의 한 학생이 처치를 받기 위해 보건실로 찾아 왔다. 평소처럼 처치를 해주고 돌려보내려는데 학생은 갑자기 내게 와서 슬며시 말했다.

"쌤, 그때 수업에서 말씀하셨던 보호자란 말 좋은 거 같아요."

◆

37 심리학자인 매슬로우는 인간은 다섯 가지 종류의 기본 욕구인 생리적 욕구, 안전과 온정의 욕구, 사랑과 소속의 욕구, 자존감의 욕구, 자아실현의 욕구가 있으며, 단계별로 성취해야 한다고 하였다.

🐾 이야기 해봅시다 !!

10대를 위한
빨간책

PART 1. 성적자기 결정권

P.85 맨 마지막 주석부분
많은 학교에서 학생들의 '이성교제'를 처벌하는 규칙을 정해 놓고 있다. 일부 학교들은 구체적으로 팔짱을 끼거나 신체 접촉을 하면 벌점을 준다거나, 성관계를 가지면 퇴학을 시킨다는 규칙을 가지고 있다. 성적인 표현을 담은 그림이나 책을 갖고 있으면 이를 압수하고 처벌하는 학교들도 있다. 이는 학생들의 사생활의 자유와 성적 자기결정권을 침해하는 문제가 많은 규칙이다.

PART 2 포르노그래피

P.99 2번째 단락
포르노그래피는 우리가 그것을 진지하게 받아들이지 않고, 그것이 보여 주는 현실과 실제가 거리가 있다는 사실을 알고 있다면 유해하지 않은 오락거리일 수도 있다.

기타...

교육의 과정 안에서 학생들의 생각·인지의 변화가 일어나고 있는지 역시 중요하다. 수업을 받은 학생 중에 단 한 명이라도 긍정적인 생각의 변화가 있다면, 혹은 수업을 통해서 해당 주제에 대해 생각해 보는 기회가 되었다면 그걸로 의미가 있는 것이다.

학생은 이 말을 던지고 유유히 보건실 문을 나섰다.

나는 '응? 방금 뭐지?'라는 생각과 예상치 않은 칭찬에 어안이 벙벙했으나 나의 메시지가 제대로 전달되었다는 확신에 가슴이 뭉클했다.

사실 한두 번의 수업만으로 학급 내의 모두를 바꿀 수는 없다. 흔히 사람들은 교육을 받으면 당장에 드러나는 결과물이 있어야 한다고 착각하곤 한다. 성적, 행동 등과 같은 표면적인 결과 말이다. 하지만 단편적인 결과만이 교육이라고 할 수는 없기에 교육을 바라보는 시선이 결론에만 있으면 안 된다.

교육의 과정 안에서 학생들의 생각· 인지의 변화가 일어나고 있는지 역시 중요하다. 수업을 받은 학생 중에 단 한 명이라도 긍정적인 생각의 변화가 있다면, 혹은 수업을 통해서 해당 주제에 대해 생각해 보는 기회가 되었다면 그걸로 의미가 있는 것이다.

위 사례 속 학생처럼 '보호자'라는 단어가 마음에 와닿았다면 그 자체로도 유의미한 수업이라고 말할 수 있다. 나비의 작은 날갯짓이 날씨 변화를 일으킨다는 말이 있듯이 학생들에게도 이러한 조그마한 변화가 커다란 성장을 위한 초석이 될 거라 믿는다.

걱정을 사서 하는 교사, 반전 매력의 아이들

> 걱정의 40%는 절대로 현실에서 일어나지 않는다. 걱정의 30%는 이미 일어난 일에 대한 것이다. 걱정의 22%는 우리 힘으로는 어쩔 도리가 없는

일에 대한 것이다. 그리고 걱정의 4%는 우리가 바꿀 수 없는 일에 대한 것이다. 결국 우리가 하는 걱정의 96%는 쓸데없는 것이다. -어니 젤린스키

보건교사로서 수업은 나에게 걱정보따리이다. 나의 보건 수업 중에 발생할지 모를 응급상황이 걱정이 되기도 하고, 무엇보다 불연속적인 수업이다 보니 라포 형성의 어려움, 수업 내용 구성 등등 걱정이 한 아름이었다. 정작 수업도 하기 전에 심리적인 압박으로 지쳐 버리는 경우가 대부분이다. 교직 초반에는 단지 교과 특성 때문이라고 생각했는데, 수업을 하면 할수록 이러한 걱정의 대부분이 나 자신에게 비롯된 불안과 불신이 원인이라는 걸 깨닫게 되었다.

학기 초, 모처럼 동아리 수업을 맡게 되었다. 계획서를 작성하면서 학생들과 무엇을 어떻게 수업할까 고민하면서 유대관계 형성에 대해 많은 생각을 했다. 드디어 첫 수업 시간, 써클 활동을 통해 서먹서먹한 분위기의 전환을 시도했다. 가치 카드, 감정 카드를 이용하여 내가 생각하는 '건강'에 대해서 이야기해 보는 시간을 가졌다.

수업 전에 수십 가지의 상황을 머릿속에 그려보고 '그러면 어떻게 하지?'라는 생각에 미리 걱정부터 했는데 학생들은 짧은 시간에 진지한 태도를 보였고, 나의 걱정과 다르게 창의적인 결과물을 내놓았다.

- 무서움: 건강이 안 좋아지면 당장 어떻게 될지 몰라서 무서움.
- 함께하기: 건강하면 가족들과 함께할 수 있으므로
- 경청: 의사 선생님 말씀에 경청해야 내가 실천할 수 있어서
- 공부: 건강하게 사는 것도 공부라고 생각해서

아주 만족스러운 나머지 수업이 끝나자마자 보건실로 결과물을 가져와 사진으로 남겼다. 열심히 사진 찍으면서 '괜히 걱정했네. 이렇게 잘하는데.'라는 생각이 들었고, 동시에 학생들을 과소평가한 거 같아서 미안한 감정도 들었다.

수업에 잘 따라와 주는 학생들 모습을 본 후 다음 수업은 또 어떻게 준비해 볼까 들뜬 마음으로 준비했지만, 1학기 내내 원격수업이 진행되는 바람에 2학기가 되어야 학생들과 제대로 다시 마주할 수 있었다.

대면으로 오랜만에 만나서 그랬을까. 응급처치 실습을 기획하면서 1학기 때의 감동과 반성은 잊은 채 걱정이 또 시작되었다. 수업 전, 사용할 재료를 준비하면서 '학생들이 대충 흉내내고 일찍 끝내 버리지는 않을까?', '아예 흥미조차 안 보이면 어떻게 하나?', '커터칼 가지고 하라는 실습은 안 하고 장난치면 어쩌나?' 등등 수십 가지 걱정을 하는 나를 발견한 것이다.

그렇게 맞이한 수업 당일, 학생들에게 영화 속 응급처치 장면 연출하고, 정확한 응급처치 방법으로 실습하도록 과제를 주었다. 과제에 관해 설명한 후에 실습 시간을 주자 아이들은 질문을 쏟아냈다.

"선생님 이거 어떻게 해요?"

"막 흔들리는데요?"

"구멍이 너무 크게 뚫렸어요! 어쩌죠?"

교실은 왁자지껄 시장통이 되었다. 우려했던 일이 벌어진 것이다. 한 명씩 진정시키기 위해 돌아다니느라 나는 진땀을 뺐다. 얼마나 시간이 지났을까. 신기하게도 첫 번째 임무인 영화 속 한 장면을 재연한 뒤로 교실의 어수선함이 가라앉았다. 중간중간 나랑 눈이 마주친 학생들은 "이렇게 하면 되죠?", "선생님! 이것 보세요! 저 완전히 잘했죠?", "얘보다 제가 더 잘했어요!"라면서 자랑하는 아이도 있었지만, 대부분은 실습에 집중했다.

처음에 나눠준 준비물을 보면서 '이게 대체 뭐야?'라는 표정으로 이러쿵저러쿵 말만 많더니 어느 새 제 할 일에 몰두하고 있었다. 이 모습을 보니 피식 웃음이 났다. 심지어 어떤 학생은 참고용으로 내가 만들어 온 예시보다도 나은 결과물을 보여주었다. 선생님이 제공하는 예시를 그대로 따라 할 것이라 여긴 내가 바보가 되는 순간이었다.

수업 전 제공했던 응급처치의 원칙과 힌트를 바탕으로 학생들은 이런저런 고민을 하는 눈치더니 각자 자신만의 방법으로 처치해 나갔다. 박혀 있는 이물질 고정을 위해서 주변에 거즈를 격자로 덧대어 쌓아올리는 학생, 위로 쌓는 것뿐 아니라 양옆으로 넓게 덧대어 고정하는 학생, 박혀 있는 이물질 주변으로 거즈를 휘감듯 고정하는 학생 등등. 재료만 나눠 줬을 뿐인데 각양각색의 결과물이 나오는 걸 지켜보는 마음이 마냥 즐거웠다.

"오! 잘했다~!"

"와~ 이건 좀 특이한데?"

그날 수업 내내 칭찬과 감탄의 말을 아끼지 않았더니 학생들도 덩달아 신나 보였다. 누가 잘했는지 서로 재 보기도 했지만, 옆의 친구와 함께 어떻게 하면 더 완벽한 처치방법이 될 수 있는지 토의하는 모습도 보였다. 학생 지도를 위해 책상 주변을 돌아다니던 나는 아니나 다를까 '또 괜히 걱정했네.'라는 생각에 쓴웃음을 지었다.

교사의 걱정과 달리 매번 교사의 기대를 뛰어넘는 반전매력의 학생들 모습을 보면 여전히 내 마음속에서 '학생=수동적인 존재'로 규정 짓고 과소평가하지는 않았는지 되돌아보게 된다. 사실 생각해 보면 이전에 수업 계획을 짜다가 여러 걱정이 불러일으킨 불안감으로 인해 전체적인 수업 방법을 바꿨던 때도 있었다.

이처럼 과도한 걱정은 무엇을 하려는 시도조차 막아버릴 때가 종종 생긴다. 수업 중간에 돌발상황이 발생하면 어떤가! 그 순간의 내가 해결해 줄 것이다. 학생들의 배움을 막는 일이 발생하지 않도록 사서 하는 걱정은 이젠 그만하자고 다짐해 본다.

흔히 함께 있는 사람들 간의 감정은 공유된다고 이야기한다. 교사가 걱정으로 얼어붙은 채 수업을 하면 아이들에게도 고스란히 그 감정이 스며들기 마련이다. 걱정이라는 묵직한 짐만 내려놓는다면 분명 이완된 분위기 속에서 교사도 학생도 성장할 수 있는 수업이 진행될 것이다.

실재적인 교육에서 삶 느끼기

봄기운이 완연한 날이었다. 우당탕! 보건실 앞 복도에 발소리가 요란하게 울리더니 보건실 문이 부서질 듯 열렸다. 무례하다는 생각에 문을 연 학생에게 주의를 주려고 잔뜩 인상 쓴 얼굴로 입을 열려는 찰나 학생들이 외쳤다.

"보건 쌤, 쌤!"

"헉헉, 우리 반 아이가… 쓰러졌어요!!"

나는 얼른 응급처치 가방을 어깨에 들쳐 메고 보건실 문밖을 나섰다. 순간 해당 학급 학생이 중앙현관의 자동 심장 충격기를 꺼내는 모습이 보였다. '아뿔싸!' 학교에서 절대 벌어지지 않았으면 하는 상황이 벌어졌나 싶어 계단을 뛰어올라 갔다. 다행히 우려했던 상황은 아니었기에 응급처치 후 구급차를 통해 쓰러진 학생을 병원으로 보냈다.

보건실로 돌아와 사용했던 물품을 정리하는데 긴장이 풀림과 동시에 자동 심장 충격기를 챙기는 학생의 모습이 계속 떠올랐다. 그 모습에는 한 치의 망설임도 없었고 우왕좌왕 헤매지도 않았다. 위기 상황에서 자신의 몫을 해낸 학생이 대견하면서도 가슴 한구석이 따뜻해졌다.

초등학교 때부터 지속해 온 심폐소생술 교육의 결과인지는 모르겠으나 무엇보다 이날의 사건 덕분에 앞으로 내가 추구해야 하는 교육의 방향을 다시금 확인하게 되었다. 실재적이고 실질적인 교육[38], 개인적으로 이 교육은 일상적인 삶을 교실 안으로 끌고 들어와 학생들 가까이 보여주는 일이라 생각한다.

그동안의 교육이 '이건 너희들의 생활과 밀접해 있는 교육이야.'라고만 외쳤다면 이제는 '자 봐봐, 진짜 그렇지?'가 추가되었다고나 할까.

◆

38 실재: 존재의 실제, 실질: 실제로 있는 본바탕과 같거나 그것에 근거하는 것, 반의어는 형식적

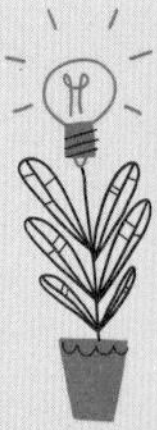

다양한 보건교육의 카테고리를 실재적이고 실질적인 것과 연결하려면 앞으로 가야 할 길이 구만리지만 힘이 닿는 데까지 '모든 교육은 너희의 삶과 연관되어 있기에 배움을 지속하여야 한다.'라는 사실을 최대한 전달하고 싶다.

물론 쉽지 않은 교육이다. 하지만 이러한 교육은 학습 동기를 끌어올리면서 궁극적으로는 수업의 효용성을 높일 수 있다. 어떻게 확신할 수 있느냐고 묻는다면 교실에서 마주치는 학생들의 모습 때문이다.

보건교육의 카테고리 안에는 여러 가지 주제가 있다. '감염병 예방 교육', '성교육', '응급처치 교육' 등등. 이 중에서 가장 학생들의 눈빛을 반짝거리게 하는 교육은 무엇일까? 처음에 당연히 '성교육'이라고 생각했다. 교실에 보건교사가 출몰하면 학생들은 으레 이런 반응을 보였기 때문이다.

"이번 시간은 보건 쌤이 수업하세요?"

"성교육인가보다!!"

"와! 성교육이래!"

그래서 학생들의 주요 관심사는 성교육인 줄로만 여겼다. 그런데 막상 직접 수업을 해보니 학생들이 끝까지 집중하는 수업은 응급처치 교육이었다. 물론 성교육 역시 학생들이 궁금해하고 흥미 있어 하지만 안타깝게도 학교에서 진행되는 성교육은 학생들의 높은 기대에 미치지 못하는 것 같았다. 수업 시작 전에는 짓궂은 장난을 치지 않을까 걱정스럽던 학생조차도 10분이 지나면 '그럼 그렇지.'라는 눈빛과 함께 지루하다는 신호를 보이곤 했다.

응급처치 수업 내용의 경우는 실제로 보고 겪은 사례가 녹아 있고, 수업 중 실제 자신의 맥박도 짚어 보고 응급처치 자세도 취해 보는 등의 활동을 한다. 이것이 학생들의 눈을 빛나게 하는 이유라 생각한다.

응급처치 교육이야 기본적으로 이론과 실습으로 구성되어 비교적 실질적인 교육을 하기 쉽지만 다른 보건교육은 상황이 다르기에 어떻게 진행해야 잘 전달할 수 있을까 항상 고민하게 되는 경우가 많다.

감염병 예방 수업에서 접촉감염[39]과 손 씻기의 중요성을 어떻게 전달할지 고민 끝에 한 가지 실험을 진행하기로 했다.

"오늘 선생님이 수업하면서 한 가지 실험을 진행할 건데, 끝나고 나면 무엇인지 설명해 줄게."

이렇게 힌트만 던져 주고 수업 중간중간에 형광 로션을 손에 발랐다. 로션을 바를 때마다 내 행동을 유심히 지켜보던 아이들의 얼굴에 물음표가 떠올랐지만, 수업이 끝난 후에야 접촉감염에 대한 실험임을 알려주었다. 한 사람의 손에 발랐던 형광 로션이 어디에 또 묻었는지 확인시켜주기 위해 UV 손전등을 이곳저곳 비추며 말했다.

"얘들아, 선생님이 아까 바른 이 형광 로션이 선생님 손뿐만 아니라 어디에도 묻어 있니? 직접 찾아보자."

"어? 내 손에도 묻었네."

"어디, 어디 봐봐."

"내 옷에도 조금 묻었다."

UV 손전등을 이용해서 비춰보니 아이들의 눈이 휘둥그레졌다. 자신의 손이나 친구 손, 옷 등을 확인하는 동안 웅성거리기 시작했다.

◆

39 접촉감염(contagion)이란 환자, 보균자, 또는 병원체가 묻은 의복, 물품 등에 직접 닿아 피부나 점막으로 감염되는 전염병의 전파 양식이다

"선생님 손에 묻혀 있던 형광 로션이 만약 세균이었다면 어떨 것 같아?"

"전부 세균에 감염돼요."

"세균이 내 몸에 묻었다고 해서 바로 감염되는 건 아니야. 세균이 몸 안으로 들어가야 하고 만약 우리 몸을 보호하고 있는 면역체계가 약해져 있다면 그때 감염이 일어날 수 있어. 이렇게 접촉을 통해서 감염되는 걸 접촉감염이라고 해. 사람과 사람과의 접촉만 여기 해당할까? 선생님이 지금 너희 전부와 접촉했어?"

"아… 마도요?"

"아닌 거 같은데."

아이들 사이에서 수업 상황을 떠올리려 애쓰는 모습이 보였다.

"선생님은 너희 중에서 두 명 정도만 접촉했고 그 외에 물건을 나눠준 것밖에는 없어. 그렇다면 너희들에게 묻어 있는 형광 로션은 물건 접촉을 통해 이루어진 거겠지? 접촉감염은 사람 간의 직접 접촉과 사물을 통해 이루어지는 간접 접촉으로 나뉩니다. 이걸 설명해 주려고 실험한 것도 있지만 궁극적으로 뭘 말하려고 했을까? 우리의 수업 주제인 감염병 예방과 접목해 보면?"

"손 잘 씻어라!"

"손 씻기의 중요성이요."

예상대로 아이들은 정답을 말해 주었고 수업은 즐겁게 마무리할 수 있었다.

미국 질병통제예방센터(CDC)에서 손 씻기가 가장 경제적이며 효과적인 감염 예방법이라 말한 것처럼 적절한 손 씻기 실천만으로도 [40]감기, 바이러스성 질환, 식중독 등과 같은 감염 질환에 걸릴 확률이 15~25%, 수인성 및 식품 매개 감염병의 50~70%, 폐렴, 농가진, 설사병은 40~50% 이상 예방이 가능하다. 2002년 사스, 2009년 신종플루, 2015년에 파급된 메르스 등 새로운 감염병이 지속해서 인류를 위협하는 시대를 살아가려면 나뿐만이 아닌 모두의 안전을 위해 손 씻기는 감염병 예방의 필수 수칙이다.

하지만 아이들에게 이러한 이야기를 들려주면서 '손 씻기는 감염병 예방을 위해 중요하다.', '제발 씻어라.'라고 아무리 말해도 대부분 한 귀로 듣고 한 귀로 흘리곤 한다. 가슴에 와닿지 않으면 금세 잊기 마련인 것이다. 그렇기에 손 씻기가 우리 모두를 보호하는 데 절대적으로 필요하다는 사실을 단순 정보전달이 아닌 피부로 느끼게 해주고 싶었다.

다양한 보건교육의 카테고리를 실재적이고 실질적인 것과 연결하려면 앞으로 가야 할 길이 구만리지만 힘이 닿는 데까지 '모든 교육은 너희의 삶과 연관되어 있기에 배움을 지속하여야 한다.'라는 사실을 최대한 전달하고 싶다.

◆
40 질병관리청 국가건강정보포털 자료